W0316782

STOKED

SURF
APOCA

OW
LYPSE
LATER

Surfers are members of a different race of people from the man in the street.

Nat Young, *Surfweltmeister 1966*

C 5111

STOKED

DIE GESCHICHTE DES SURFENS

Drew Kampion Bruce Brown

evergreen

EVERGREEN is an imprint of Benedikt Taschen Verlag GmbH

© für diese Ausgabe: 1998 Benedikt Taschen Verlag GmbH
Hohenzollernring 53, D-50672 Köln
First published
by General Publishing Group, Inc.
Los Angeles
Originaltitel: Stoked: A History of Surf Culture
Copyright © 1997 by Drew Kampion
Übersetzung: Rolf W. Blum für Dr. Jörg Meidenbauer Verlagsbüro, München
Redaktion und Produktion der deutschen Ausgabe: Dr. Jörg Meidenbauer Verlagsbüro, München
Fachlektorat: Boris Loske, Bonn
Koordination: Sabine Duda, Köln
Umschlaggestaltung: Catinka Keul, Köln

Printed in Spain
ISBN 3-8228-7296-2

Für John Severson,
mit dem alles begann.

INHALT

VORWORT

Ein Buch über „Surfkultur" – wow! Man hatte uns immer für eine Bande „unkultivierter" Penner gehalten! In den 50er Jahren sagten meine Eltern und nichtsurfende Kumpels immer: „Wenn du erwachsen bist, wirst du erkennen, daß du nur deine Zeit verschwendet hast, während du eigentlich etwas Nützliches damit hättest anfangen können."

Der junge Filmemacher auf der Suche nach der perfekten Welle.

Ich konnte nie verstehen, warum Golf, Tennis, Baseball, Football oder Cheerleading „nützlich" sein sollten und Surfen dagegen nicht. Dann brachte Hollywood die Strandfilme heraus, doch die verbesserten unser Image auch nicht. Sie bestätigten lediglich, was die meisten sowieso dachten: Das ist doch eine Bande von Surfern, die sich Essenschlachten liefern und ansonsten dumm daherreden.

Solange ich denken konnte, hatte ich das Meer und das Surfen geliebt. Ich dachte, jeder würde lieber in einem großen Wohnwagen an einem einsamen Strand in der Nähe eines Pointbreak leben als in einer Villa in Beverly Hills. Eines Tages begegnete ich einem Typen, der Vieh zusammentrieb. „Als ich klein war, war ich auch ein Surfer", sagte er. „Aber als ich erwachsen wurde, wurde ich Cowboy." „Das ist komisch", erwiderte ich. „Bei mir war es genau umgekehrt." Er verstand das nicht.

Was später zum sogenannten Lifestyle wurde, war eigentlich nur die Art, wie wir lebten, ohne uns allzu viele Gedanken darüber zu machen. Wir wußten, daß wir in der Nähe des Meeres sein wollten und mußten nur einen Weg finden, dort auch unseren Lebensunterhalt zu verdienen. Hobie stellte Surfbretter her, Gordon Clark fertigte Schaumkerne, John Severson rief die Zeitschrift *Surfer* ins Leben, ich begann Filme zu machen. Einige gingen zur Feuerwehr, andere wurden Lehrer.

Das Hauptaugenmerk lag immer darauf, möglichst viel Zeit mit Surfen zu verbringen. Reich zu werden hatte keine Bedeutung. Viel wichtiger war die Freiheit, tun zu können, was wir wollten. Das hieß nicht, daß wir unsere Arbeit oder unseren Beruf nicht ernst nahmen. Aber es bedeutete, die Dinge in der richtigen Relation zu tun. Nach dem Erscheinen von *The Endless Summer* erzählten mir Leute aus der Filmindustrie, ich müßte nach Hollywood ziehen, wenn ich in dem Geschäft erfolgreich sein wollte. Ich sagte, lieber wäre ich Milchmann am Strand, als in Hollywood zu leben.

Wenn man die meisten „echten" Surfer vor die Wahl stellte, entweder nach New York zu ziehen, um dort in einer Werbeagentur jede Menge Geld zu verdienen, oder am Strand zu leben und sich so eben „durchzuschlagen", dann wäre ihre Antwort: der Strand.

Ich glaube, meine Antwort auf die Frage, die uns als Kindern gestellt wurde – wann wirst du endlich erwachsen? – lautet: Ich hoffe, niemals.

Bruce Brown, *Gaviota*, Kalifornien, Juli 1997

EINLEITUNG

Meine erste Welle ritt ich in Malibu. Damals empfand ich diesen ersten atemberaubenden Ritt auf einer kleinen Schaumwalze als eine Art Einführung, den Verlust meiner Jungfräulichkeit. Es war für mich der Eintritt in eine neue Welt. Tatsächlich hatte ich jedoch nur den ersten Schritt in eine Subkultur getan, in der ständig neue Initiationen stattfinden.

Subkultur – in meinem dicken Lexikon steht dazu: „Eine Gruppe mit sozialen, wirtschaftlichen, ethnischen oder anderen Eigenschaften, die sie deutlich von Mitgliedern derselben Kultur oder Gesellschaft unterscheiden." Ein Kult also? „Eine Gruppe mit einer sakralen Ideologie und einer Reihe von Riten um geheiligte Symbole." Surfen, so sollte ich bald herausfinden, war die Subkultur der jungen Menschen, die sich selbst als „stoked" bezeichneten (*stoked* = engl. für „aufgeheizt", „glühend", „euphorisch").

GEGENÜBERLIEGENDE SEITE: **Wellen rollen während einer hohen winterlichen Dünung im Dezember 1974 sanft auf den Sunset Beach zu.**

OBEN: **Der Autor bei der „Berichterstattung" von den Weltmeisterschaften in Puerto Rico 1968.**

Ich war ein Teenager und lebte am Rand von Los Angeles im San Fernando Valley. Die beiden wichtigsten Jugendkulturen der damaligen Zeit kannte ich einigermaßen: die Greaser und die Surfer. Die einen hatten schwarz glänzende, eingeölte Haare, die anderen waren sonnengebräunt und blond, zumeist mit einem glückseligen Lächeln im Gesicht. Niemals hätte ich zugegeben, mich zu einer von beiden hingezogen zu fühlen. Wäre nicht der Entschluß einer Freundin gewesen, auf eigene Faust Surfen zu lernen, dann hätte ich wahrscheinlich nie mein erstes Surfbrett erworben (ein knapp drei Meter langes Roberts, in der Mitte durchgebrochen und anschließend wieder zusammengeflickt). Es kostete mich 50 Dollar. Das war im Sommer 1962. Ich hatte damit unbewußt einen Schritt getan, der mich zum Mitglied einer aufstrebenden, unbeschwerten Kultur machte. Als ich dann eines Nachmittags zum ersten Mal auf einer kleinen Schaumwalze ritt, änderte sich meine Wahrnehmung von Grund auf.

Nach wochenlangen Bemühungen und etlichen Demütigungen stand ich schließlich auf meinem Brett und wurde von einer kleinen Welle sanft, aber stetig an den Strand von Malibu geschoben. Dabei empfand ich eine absolute Glückseligkeit – ein anderer Ausdruck dafür fällt mir nicht ein. Ich war so unglaublich „stoked!" Ich ritt auf einer Ozeanwelle! Ich surfte!

Der Boom in den frühen 60er Jahren führte dazu, daß viele alteingesessene Surfer, die zuvor den Strand für sich allein gehabt hatten, enttäuscht aufgaben oder sich aufmachten, um rund um die Welt nach Stränden zu suchen, an denen sie die Wellen nicht mit vielen anderen teilen mußten.

Als ich zum Surfen kam, befand sich der Sport und die damit verbundene Subkultur in einer Übergangsphase. Aus einer nahezu heiligen Handlung wurde eine populäre Kultur. Es war eine wirklich außergewöhnliche Zeit. Wir betrieben einen Sport, der vor mehr als 1000 Jahren entwickelt wurde, und der durch die gemeinsamen Anstrengungen von *kama'aina* und *haole* vor dem Untergang und der Vergessenheit gerettet worden war. Und jetzt, eben als ich Gefallen daran zu finden begann, wurde diese uralte Kultur plötzlich zum Gegenstand eines neuen amerikanischen Modetrends. Der Strand – die gesetzlose Zone – wurde mit einem Mal so populär, daß das wertvolle Erbe, das wir angetreten hatten, die mühsam aufrechterhaltene Kultur, in dem gewaltigen Ansturm auf den Strand unterzugehen drohte. Die Seele des Surfens war ernsthaft gefährdet.

Durch die Popularität des Sports entstand auch eine besondere Form von Konkurrenz. Wellen, die immer in ausreichender Menge zur Verfügung gestanden hatten, wurden jetzt kostbar. Wie an einem Buffet, zu dem zu viele Gäste geladen sind, herrschte nun Platzmangel. Surfen ist kein Sport wie Football oder Baseball. Man kann den Strand von Malibu nicht absperren und nur noch Profis dort surfen lassen. Auch kann man keine 100 Dollar für 18mal wellensurfen verlangen (zumindest bis jetzt noch nicht). Beim Surfen müssen Surfer jeglichen Könnens, aller Altersstufen, Größen und Philosophien das Wasser miteinander teilen.

Blick durch eine Pipeline – Nahrung für „stoke"!

GEGENÜBERLIEGENDE SEITE: **Drew Kampion 1969 in der Redaktion von *Surfer.***

Damals war die Hackordnung in Malibu sehr streng. Die Jungs, denen der Strand in den 50er Jahren allein gehört hatte, kamen immer noch, sobald die Wellen gut waren – Mickey Dora, Dewey Weber, Lance Carson, „Tubesteak" Tracey, „Cowboy" Henderson, Johnny Fain und ein Dutzend andere sehr gute Surfer. Zusätzlich drängten jetzt aber auch die Anfänger, die „Kooks" wie ich, ins Meer. Um an den günstigen Stellen mit Süddünung an der südkalifornischen Küste gute Wellen zu erwischen, bedurfte es in erster Linie einer gehörigen Portion Glück. Ich hatte während jener ersten Jahre nicht besonders viel davon.

Statt dessen begnügte ich mich im Sommer in den überfüllten Strandbädern mit dem, was an Wellen übrigblieb. Ich ließ mich von dem euphorischen Sound der *Beach Boys* in Schwung bringen und vergnügte mich an den Surffilmen jener Zeit.

Eines wunderschönen Frühlingsnachmittags stand ich in der Schlange vor dem Santa Monica Civic Auditorium unter der Reklame für *The Endless Summer*. Ich folgte Terrence, als er Mike Hynson und Robert August über die Dünen nach Cape St. Francis führte, und fand mich unvermittelt vor den schönsten Wellen, die ich je gesehen hatte. Der Anblick versetzte mich in einen Rausch, dem das unwiderstehliche Verlangen folgte, mich in „Bruce's Beauties" zu stürzen.

Noch heute, nach 35 Jahren Surferfahrung, versetzt mich allein der Geruch von warmem Neopren oder das Aroma eines Stücks Kokosnußsurfwachs in die Lage, eine Zeitreise in die Vergangenheit anzutreten. Ich werde wohl mein Leben lang „stoked" bleiben.

Heute surfen weltweit Millionen von Menschen, ein großer Teil von ihnen an Orten, die uns damals in den 60er Jahren völlig unbekannt waren. Auch die Surfbretter haben sich in diesen mehr als 35 Jahren konstant weiterentwickelt. Dabei spielt wie in jedem Sport die Ausrüstung eine überaus wichtige Rolle. Das Leistungsvermögen der heutigen Surfer hat den bisherigen Rahmen absolut gesprengt. Die akrobatischen Figuren, die viele extreme Surfer heute zeigen, waren 1960 unvorstellbar, ganz zu schweigen im Jahre 1900. Heutzutage fliegen Surfer genauso viel durch die Luft wie sie über das Wasser gleiten. Es werden größere Wellen geritten, als je vorstellbar schien. Surfen ist zu einer „Extremsportart" geworden.

Gleichzeitig ist die Geschichte dieser Sportart lebendig geblieben. Die steinalt werdenden *wiliwili*-Bäume wachsen Schicht für Schicht, und wenn man einen von ihnen fällt, um ein Surfbrett daraus herzustellen, dann sind alle Ringe erkennbar, vom ersten bis zum letzten Jahr. So ist es auch mit dem Surfen. Man sieht die Entwicklung im Wasser und an den Stränden der vielen, heute populären Surforte: lange Bretter neben kurzen, junge Surfer und alte Hasen, Langhaarige und Kahlrasierte, ruhige, auf Stil achtende Surfer aus den 30er Jahren neben denen mit ihrem Hau-ruck-Stil aus den 90ern.

Einige der Surfer, die ins Wasser hinauspaddeln, sind sich der Geschichte ihres Sports bewußt. Andere hingegen betrachten ihn einfach als Hobby. Er gilt als cool, radikal, absolut verrückt und „krank". Surfen bietet die Chance, aus dem drögen Schul- oder Arbeitsalltag auszubrechen. Surfen ist die Flucht ins Hier und Jetzt!

Glücklicherweise kann dieser Sport für jeden etwas ganz anderes bedeuten. Jede neue Welle ist wie das Abreißen eines Blattes von einem Kalender, ein neues Spiel, ein neues Kunstwerk oder auch nur ein neuer Witz.

Die Surfkultur, die sich in konzentrischen Kreisen um den elementaren Akt des Reitens auf einer Welle ausgebreitet hat, ist ein einzigartiges und seltsam mächtiges Phänomen. Sie ist eine Subkultur, beruhend auf Erfahrungen und Wahrheiten, die auf dem Ozean und den Wellen gewonnen wurden. Gleichzeitig hat diese Subkultur enorme Auswirkungen auf die größeren Kulturen, von denen sie ein Teil ist.

Die Kultur des Surfens ähnelt einem Trojanischen Pferd. Aufgrund der äußeren Form, Energie und Erotik – welche bessere natürliche Metapher für Sex gibt es? – besitzt es eine besondere Anziehungskraft. Jeder will ein Teil davon sein. Es ist einfach cool, damit in Verbindung gebracht zu werden. Der Reiz besteht im Nervenkitzel. Aber noch etwas anderes, etwas sehr Altes und Esoterisches, gehört dazu – und wenn das die restliche Kultur beeinflußt, dann kann in der Tat alles passieren: Die Welt verändert sich. Wenn jene uralte polynesische Saat in der strengen nordischen Seele aufgeht – peng! – plötzlich sind diese Menschen „stoked"!

Dies ist ein Buch für Surfer. Es soll daran erinnern, wer wir sind, woher wir kommen und wie ungeheuer wichtig es ist, auf Wellen zu reiten. Nichtsurfern – jene, die der legendäre Phil Edwards einst als „die Legionen der nicht in Schwung Gebrachten" bezeichnete –, gewährt dieses Buch Einblick in eine Welt ohne Grenzen. Eine Welt, die eine unerschöpfliche Energiequelle bietet, die ihre Bewohner dazu treibt, immer wieder aufs neue die Grenzen ihrer Leistungsfähigkeit zu überwinden und nach mehr „stoke", mehr Glück, zu streben.

Drew Kampion, *Whidbey Island,* Washington, 1. Juni 1997

Das Wesen des Surfens

Surfen ist die vermeintlich einfache Art, mit einem Surfbrett auf einer sich überschlagenden Ozeanwelle zu reiten. In Wahrheit ist das Reiten auf einer Welle eine körperliche Meisterleistung, eine phänomenale Koordination aller Kräfte. Die Mathematik des Vorgangs ist äußerst komplex. Doch als Ausdruck der elementaren Beziehung zwischen Mensch und Natur ist das Surfen in seiner Klarheit beispiellos. Als Metapher für das Leben und so gut wie alles, was uns darin begegnen kann, ist dieser Sport einzigartig. Das Leben ist eine Welle. Sogar Albert Einstein hat das gesagt. Alles in der materiellen Welt manifestiert sich in Wellen. Dennoch ist die wellenförmige Dynamik, die alle Phasen unserer Existenz beeinflußt, nirgendwo deutlicher sichtbar als in der Situation, in der sich der Mensch auf das Meer begibt. Der Ritt auf einer Welle ist der treffende Ausdruck für die Beziehung zwischen dem Menschen und der rhythmischen Kraft der Natur. Es ist die tiefe Unmittelbarkeit dieser Begegnung, die den fast universellen Reiz des Surfens erklärt.

Perfektion in Reinkultur: ein Surfer, kurz bevor er in einem perfekten Wellentunnel verschwindet, Burleigh Head, Queensland, Australien.

OBEN: Kevin Naughton findet vor Tavarua Island, Fidschi, wonach er gesucht hat.

WIE ALLES BEGANN

„Zieh dich aus, in diesem milden Klima stören Kleider nur. Geh hinein und miß dich mit der See; schwing deine Fersen und deine Hüften mit all deinem Talent und deiner Kraft; stürz dich in die Brecher, meistere sie und reite auf ihnen, wie es sich für einen König ziemt."

Jack London, *The Cruise of the Snark,* 1911

Vom Süden her kamen sie, in großen Reisekanus, Booten mit doppelten Rümpfen und Segeln aus geflochtenen Pandangblättern. Männer, Frauen und Kinder saßen in den Booten, die bis zum Rand mit Proviant gefüllt waren. Sie paddelten Richtung Norden, weg von den Gewässern ihrer polynesischen Heimat, weit in unbekannte Regionen hinein. Langsam überquerten sie die gigantische Wasserfläche, ohne mit Sicherheit zu wissen, wohin sie fuhren und was sie erwartete. Als ihre Hoffnungen schließlich zu schwinden begannen und sie bereits an Rückkehr dachten, da erschien ihnen – so besagt es die Legende – ein großer weißer Hai, der sie weiterführte.

Jene Polynesier navigierten nach den Sternen. Sie orientierten sich an Winden und Wolkenformationen sowie an Mustern, die Wind, Land und Strömungen auf der Wasseroberfläche erzeugen. Ein kundiger Beobachter kann die Spuren des Auftreffens einer Dünung auf eine Insel noch viele Meilen entfernt erkennen, und so entdeckten auch diese frühen Seefahrer irgendwo 1000 Seemeilen nördlich des Äquators plötzlich Anzeichen von Land. Die Legende besagt weiter, daß jene erste Flotte direkt an der Südspitze der südlichsten Insel des hawaiischen Archipels – der entlegensten Inselgruppe der Welt – auf Land stieß.

Die Beziehung der Polynesier zum Meer unterschied sich vollkommen von den Erfahrungen der Europäer. Für die Inselbewohner bedeutete der Ozean Leben, Freude und Freiheit. Dieses Foto eines einsamen Surfers mit seinem kurzen *paipo*-Brett bei Waikiki in den 1890ern spricht Bände. Doch um 1900 hatten Krankheiten, Religion und eine neue industrielle Arbeitsethik die hawaiische Kultur und den uralten Surfsport fast ausgerottet.

GEGENÜBERLIEGENDE SEITE: **Die Begeisterung für das Surfen war ein wichtiger Bestandteil der uralten hawaiischen Kultur.**

SURFEN IM PARADIES

Niemand weiß genau, wo und wann der Surfkult entstanden ist. Sicher ist, daß den ersten Menschen, die in Booten aufs Meer hinausfuhren, schnell bewußt wurde, welche Kraft in den Wellen steckte. Vielleicht liegt die Antwort in der Erbanlage der Küstenbewohner Westafrikas oder Perus verborgen, wo einst die beiden Naturerscheinungen, Regenbogen und Wellen verehrt wurden. Mit Sicherheit jedoch ist Surfen fest in der hawaiischen Kultur verwurzelt.

Olo und Alaia

Der Bau eines Surfbretts hatte eine große Bedeutung in der frühen Surfkultur. Es gab zwei Arten von Brettern: das *olo*, das den Häuptlingen vorbehalten war und aus dem *wiliwili*-Baum hergestellt wurde, und das *alaia*, gefertigt aus *koa*-Holz, für die einfachen Leute. Beim Bau ihrer Bretter vollzogen die frühen Hawaiianer strenge Rituale. Nachdem ein Baum ausgewählt worden war, brachte man zunächst einen roten *kuma*-Fisch als Opfergabe am Fuß des Stammes dar. Dann wurde ein Gebet gesprochen und anschließend der Baum gefällt. Mit einer Steinaxt hieb man die grobe Form aus dem Stamm, dann bearbeitete man sie mit Korallen und scharfen Steinen. Schließlich wurde das Brett mit zahlreichen Riten und Zeremonien geweiht.

Die Inseln von Hawaii sind das absolute Paradies auf Erden. Über weißen Sandbänken ragen grüne, vulkanische Landmassen aus der warmen, türkisfarbenen See. Den kühnen Siedlern aus dem Süden erschienen die unbewohnten Inseln erhaben, kraftvoll und dramatisch. Die große Höhe der urzeitlichen monolithischen Felsformationen, die lebendigen Narben brodelnder Lava, das rhythmische Rauschen des Meeres, stets wechselnde Passatwinde, Kona-Stürme und Orkane – all dies ruft Bilder im Unterbewußtsein wach, die das Entstehen einer tiefen Mythologie begünstigen.

Es gibt viele Beweise dafür, daß im gesamten Südpazifik bereits lange vor dem ersten Kontakt mit Europäern auf Brettern gesurft wurde. Nirgends jedoch war dieser Sport für die Kultur so bedeutsam wie auf Hawaii. Möglicherweise liegt das an der unvergleichlichen Vielfalt und Qualität der Wellen vor den Inseln, die sich mitten im größten Gewässer des Planeten befinden und somit den Wellen aus allen Richtungen in idealer Weise ausgesetzt sind.

Vielleicht waren die polynesischen Surfer, die ihre Heimat im Süden verließen, auf der Suche nach einer legendären paradiesischen Inselkette mit perfekten Wellen. Was auch immer der Grund für ihre Reise war, jedenfalls erblühte nach ihrer Ankunft auf Hawaii dort eine Zivilisation. Die neue Kultur blieb zwar in ihren traditionellen polynesischen Werten verwurzelt, paßte ihre Mythologie und ihren Lebensstil aber an die hawaiischen Inseln an. Insbesondere entwickelte man das spielerische Gleiten auf den Wellen des Ozeans. Nach unserem heutigen Wissensstand war dies die erste echte Surfkultur.

Die hawaiischen Legenden sind reich an großen Abenteuern beim Surfen. Die ersten Europäer, die diesen Sport zu sehen bekamen, waren von der Geschicklichkeit der Insulaner beeindruckt und versuchten, sie in Illustrationen einzufangen.

GEGENÜBERLIEGENDE SEITE: **Surfbretter wurden sorgfältig gepflegt.**

„Surfen gehörte schon immer zu den beliebtesten Freizeitbeschäftigungen der Hawaiianer," schrieb Thomas G. Thrum in seinem *Hawaiian Almanac and Annual* von 1896. Das Buch ist eine der Informationsquellen über das Surfen und dessen Bedeutung im Herzen der alten hawaiischen Kultur. Häuptlinge, Männer, Frauen und Jugendliche betrieben es, und die täglichen Arbeiten blieben liegen, wenn die Wellen gut liefen. Besonders die Mitglieder des Königshauses der Inseln erfreuten sich am Surfen und räumten sich das Privileg ein, die besten Stellen für ihre alleinige Nutzung zu reservieren.

Die Hawaiianer verband eine tiefe Leidenschaft mit dem Surfen und der mächtigen Energie des gewaltigen Ozeans, der sie umgab. Sie hatten fast so viele Namen für verschiedene Arten von Wellen und Brechern wie die Eskimos Bezeichnungen für Schnee. Während längerer wellenloser Perioden zelebrierten sie Rituale, bei denen sie den Ozean symbolisch mit Tang peitschten und dazu sangen, um so ein Anschwellen der Wogen heraufzubeschwören.

Es ist unbestritten, daß die Hawaiianer schon in der zweiten Hälfte des 18. Jahrhunderts meisterliche Surfer waren. Sie fertigten ihre Bretter in einer Weise, die ihr spirituelles Bewußtsein, fundierte Kenntnisse über die Mechanismen der Wellen und ihre große Freude am Surfen offenbarte. Zweifellos lassen die wenigen, zum Teil 200 Jahre alten Surfbretter, die im Bishop Museum von Honolulu wie Heiligtümer aufbewahrt werden, nur schwerlich erahnen, was sich in den Jahrhunderten abspielte, bevor Kapitän James Cook im Jahr 1778 mit seinen beiden Schiffen *HMS Resolution* und *HMS Discovery* die Inseln sichtete.

James Cook

Die erste Insel, die Cook und die Besatzung der *Resolution* am Morgen des 18. Januar 1778 sichteten, war Oahu. Kurz darauf entdeckten sie Kauai, dann Niihau. Am nordwestlichen Ende des hawaiischen Archipels suchten sie nach nordpazifischen Inseln. Eigentlich warteten sie nur auf den Sommer, denn sie wollten zurück zum nordamerikanischen Kontinent, wo sie die Nordwestpassage zu finden hofften. Als jedoch ein paar dunkelhäutige Eingeborene herangepaddelt kamen, um die merkwürdigen schwimmenden „Vögel" in Augenschein zu nehmen, war Cook überrascht und erfreut, einen Dialekt zu hören, der ihn an den vertrauten Klang der Gesellschaftsinseln erinnerte.

Nachdem er in Kauai und Niihau Zwischenstation gemacht hatte, segelte Cook im Frühjahr nach Norden und gelangte schließlich durch die Beringstraße bis auf 70° 44', wo die beiden Schiffe durch eine weißglänzende Eiswand gestoppt wurden. Cook beschloß umzukehren, um auf den Inseln zu überwintern, die er nach seinem Schirmherrn in der heimischen Admiralität, Sandwich, benannt hatte. Diesmal segelte er die Inseln von Osten an und stieß zuerst auf Maui. Einige der Eingeborenen waren bereits mit Geschlechtskrankheiten infiziert. Derart intensiv war der Kontakt also zwischen den Inseln!

Nach Maui umsegelten die beiden Schiffe nahezu vollständig die große Insel Hawaii, bevor sie in der Kealakekua Bay vor Anker gingen. Im Jahr zuvor auf Tahiti hatte Cook zu seinem großen Erstaunen einen Inselbewohner mehrfach dabei beobachtet, wie dieser in seinem Kanu auf einer Welle surfte. Doch selbst diese eindrucksvolle Vorschau hatte Cook und seine Mannschaft nicht auf Hawaii vorbereitet. Der Anblick von Eingeborenen, die mit speziell angefertigten Holzstücken auf Wellen ritten, verblüffte sie maßlos.

Cook hatte bis dahin noch nie einen Wellenreiter gesehen. Obwohl das Surfen im polynesischen Pazifik weit verbreitet war, gab es nur vor Hawaii jene perfekten Wellen und wassergewandten Menschen, die den Sport zu einem festen Bestandteil ihrer Kultur hatten werden lassen.

Cook wird in der Kealakekua Bay willkommen geheißen; man beachte den Surfer unten links.

DIE DÜSTEREN JAHRE

Die Ankunft des weißen Mannes brachte alle nur erdenklichen Arten von Wundern auf die Inseln: Metall, Gewehre, Kanonen, Uniformen, Geschlechtskrankheiten, Alkohol und eine neue Religion. Nachdem der Geist erst einmal aus der Flasche geschlüpft war, begann auf den Inseln von Hawaii ein Jahrhundert des kulturellen Zerfalls.

Die europäischen Eroberer, Entdecker, Abenteurer, Soldaten, Händler und Rassisten, die in den glorreichen Jahren zwischen 1450 und 1800 die Welt bereisten, um dabei Reichtümer anzuhäufen, Menschen zu unterwerfen und Seelen zu retten, brachten zwei Dinge mit: Krankheiten und die Religion des weißen Mannes.

Nach der Ankunft von Kapitän Cook wurden schätzungsweise 400 000 Menschen durch europäische Viren und Bakterien nahezu vernichtet. Bis zum Jahr 1890 waren nur noch 30.000 bis 40.000 hawaiische Ureinwohner am Leben, und die meisten von ihnen standen unter einem tiefen kulturellen Schock. Mit dem Zerfall der alten Ordnung löste sich auch die ursprüngliche Surfkultur auf.

Bevor Anfang des 19. Jahrhunderts die ersten Missionare auf die Inseln kamen, existierten noch viele intakte Enklaven der Surfkultur. Aber diese Missionare schrieben den Ureinwohnern „anständige“ Bekleidung vor, zwangen sie, eine neue Sprache zu sprechen, und verurteilten ihren unbefangenen Umgang mit Sex sowie das Spielen im Ozean. Die enge Verbindung des Surfens mit Nacktheit, Sexualität, Wettspielen, Ungezwungenheit, naiver Freude und Freiheit widersprach den Vorstellungen der Kirchenväter, die allerdings, seltsamerweise, das meiste Land auf den Inseln besaßen.

Mark Twain besuchte Mitte der 60er Jahre des 19. Jahrhunderts die Sandwichinseln als Reporter für die *Sacramento Daily Union*. Er beschrieb die Missionare unter anderem als „ignorant sowohl gegenüber den humanitären Vorstellungen der Weißen als auch gegenüber der naturgegebenen Lebensart des Menschen überhaupt“. Später veröffentlichte er ein Buch über seine Reisen unter dem Titel *Roughing It* (1872), in dem er das Surfen erstmals beschrieb.

Während das Christentum florierte, wurde die aufgeschlossene hawaiische Kultur entstellt, umgekrempelt und zerstört. Mitte des 19. Jahrhunderts hatte die Kombination aus christlicher Umerziehung, immer stärker organisierter und kommerzialisierter Wirtschaft und des Rückgangs der Zahl der hawaiischen Ureinwohner dazu geführt, daß das Surfen auf ein gelegentliches, fast schon seltenes Vergnügen reduziert worden war. Hätte es nicht jene wenigen Enklaven und einzelnen unbeirrten Sportler gegeben, wäre das Surfen im Laufe des 19. Jahrhunderts wahrscheinlich von der Bildfläche verschwunden.

DIE WIEDERGEBURT

Um die Jahrhundertwende wurden die Inseln Territorium der USA. Die Bevölkerung reinrassiger Hawaiianer war stark dezimiert, die Ureinwohner waren größtenteils Christen, und das Surfen ging seit mindestens 100 Jahren ständig zurück. Etwa ein Viertel der Hawaiianer lebte in Honolulu auf der Insel Oahu, wo sich die wenigen verbliebenen Surfer an verschiedenen Stellen entlang des Strandes von Waikiki sammelten.

Surf-Hawaiisch

Aloha: wörtlich bedeutet „alo“ Erfahrung und „ha“ Lebenshauch; im allgemeinen wird es heutzutage im Sinn von Hallo, Auf Wiedersehen, Liebe, Zuneigung verwendet.

Haole: Die Ankunft der Fremden (weiße Männer) und der Handschlag als Begrüßungsritual brachte das Wort „ha'ole“ hervor, was soviel bedeutet wie ohne Lebenshauch, Fremder, weißer Mann.

He'e nalu: surfen, Surfer

He 'ó 'la ka mea háwáwá I ka he'e nalu: Der ungeübte Surfer stürzt.

Kaha nalu, he'e umauma: Bodysurfen

Kahuna: Priester; ein Kahuna betet für Regen, eine reiche Ernte oder um Erleichterung von Krankheiten und Sorgen. Gleichzeitig setzt er die Kraft des Gebets für Zauberei ein, sendet Todes- oder Krankheitsboten und betreibt Geisterbeschwörungen und Wetterprophezeiungen.

Kai emi, nalu miki: zurücklaufende Welle

Kai pi'i, nalu pū: hohe Welle

Kai po'i, nalu ha'i: sich brechende Welle

Malu ha'i lala: diagonal brechende Welle

Nalu: Brandung, Ozean, Welle

Nalunalu: hoher Seegang

Pae: eine Welle erwischen

Pae i ka nalu: eine Welle bis zum Strand reiten

Papa-he-nalu: Surfbrett

Wahine: Frau, Surferin

James Cook und seine Männer ließen gelegentlich einen Eingeborenen wegen eines Diebstahls oder auch nur wegen einer bloßen Drohung erschießen. Das belastete natürlich das anfangs freundliche Verhältnis, und schließlich wurde Cook am Sonntag, den 14. Februar 1779, in der Kealakekua Bay, auf der Hauptinsel von Hawaii, ermordet. Dieser Vorfall inspirierte Craig Stecyk zu dieser surrealen Skulptur *Homage to Capt. Cook*.

A TRIP TO
HAWAII
1897

HONOLULU
Tourists' Guide & Handbook
compliments of
PLEASANTON HOTEL

Eine wachsende Zahl von *haoles* (Weiße oder Ausländer) kam als Touristen oder für immer nach Waikiki. Sie hielten die hawaiischen Surfer für eine Kuriosität. Als Jack London und seine Frau Charmian im Jahr 1907 auf die Inseln kamen, zählten sie zu den Gästen, die die Inseln besuchten, um das milde Klima, die interessante Kultur und die friedvolle Einsamkeit zu genießen. Der gefeierte Autor von Abenteuerromanen war äußerst populär und auch als Journalist sehr gefragt. Als er einige hawaiische Surfer entdeckte, die auf den Wellen von Waikiki ihre alte Kunst ausübten, wußte er, daß er eine Geschichte hatte, die sich verkaufen ließ.

In Jack Londons aufregender Beschreibung dieses Sports, die in der Oktoberausgabe 1907 von *A Woman's Home Companion* erschien, findet sich auch die Erwähnung eigener Versuche: „Ich habe es eine geschlagene Stunde lang probiert und konnte nicht eine einzige Welle davon überzeugen, mich an Land zu tragen."

Anfang des 20. Jahrhunderts kamen die ersten wohlhabenden Reisenden nach Hawaii und bewunderten die wellenreitenden Eingeborenen. Trotz der mahnenden Worte Mark Twains, daß niemand außer den Insulanern die Kunst des Wellenreitens wirklich beherrschen würde, versuchte es Jack London selbst (LINKS, mit seiner Frau Charmian) und verfaßte einen enthusiastischen Bericht darüber (OBEN: Waikiki um 1910). Schon bald galt dieser Sport als Synonym für den paradiesischen Reiz Hawaiis.

Im selben Jahr begegnete London zwei Männern, dem Abenteurer und Geschäftsmann Alexander Hume Ford und dem Ruderer George Freeth. Die Bedeutung des Treffens für das Surfen zu genau jenem Zeitpunkt kann nicht genug betont werden, denn es markierte die Wiedergeburt des Surfens im 20. Jahrhundert.

Angeregt durch Londons Leidenschaft für das Surfen, beschloß Ford, die erste offizielle Surferorganisation der Welt zu gründen, den *Outrigger Canoe and Surfboard Club.* Immer mehr Hotelneubauten säumten ganze Strandabschnitte, und die Behausungen der Surfer, wo sie ihre Surfbretter aufbewahrten, wurden Stück für Stück abgerissen. Für fünf Dollar pro Jahr sicherte sich Ford einen 20jährigen Pachtvertrag über eine Strandfläche von einem Acre (etwa 4000 qm), auf der er die Strohhütte baute, die zum ersten von mehreren Klubhäusern des Outrigger Club wurde.

Drei Jahre nach der Gründung des Klubs organisierte eine andere Gruppe von Surfern, Schwimmern und Kanufahrern den *Hui Nalu*, einen Surfklub, dessen Mitglieder hauptsächlich Hawaiianer waren. Der Outrigger Club dagegen bestand fast ausschließlich aus *haoles.* Die beiden Gruppen lieferten sich zahllose Surfwettkämpfe.

Die Gründung des Outrigger Club und die neue Popularität des Sports hatten einen stimulierenden Effekt auf das Surfen und Kanufahren. Bereits 1911 notierten Beobachter, daß der Strand und die Wellen von Waikiki erstmals ein wenig überfüllt waren. Als Jack und Charmian London 1915 zurückkehrten, zählte der Outrigger Club bereits an die 1200

Mitglieder „mit Hunderten auf der Warteliste und einem fast einen Kilometer langen Strandabschnitt mit Schließfächern für Surfbretter", schrieb die Frau des Schriftstellers. Das Surfen hatte sich zu einer örtlichen Modeerscheinung entwickelt. Aber in der Zwischenzeit war auch ein anderer Samen gesät worden ... in Kalifornien.

Um die Jahrhundertwende galt George Freeth, ein Hawaiianer irischer Herkunft, als der beste Surfer von Waikiki (und somit der ganzen Welt). Der Industrielle Henry E. Huntington aus Los Angeles hatte von den herausragenden Fähigkeiten des 23jährigen gehört und lud ihn deshalb im Sommer 1907 nach Kalifornien ein. Dort sollte der junge Mann die Werbung für die neue Eisenbahnstrecke Los Angeles – Redondo Beach unterstützen. Tausende erschienen am Strand, um ihm bei seinem Ritt in der Brandung von South Bay zuzusehen.

Freeths Besuch auf dem Festland und Londons Artikel fielen gemeinsam in eine Zeit, in der die Südkalifornier in immer größeren Scharen an die Strände strömten. Jetzt wurden sie sich der zusätzlichen Möglichkeiten bewußt, die ihnen der außergewöhnliche Spielplatz vor ihrer Haustür bot. Glücklicherweise entstand so ein neues Bewußtsein für diesen Sport, das den Grundstein für eine neue Subkultur legte.

DIE GEBURT DES MODERNEN SURFENS

Mit der Ankunft der *haole*-Touristen in Hawaii engagierte man die von Freeth lose zusammengehaltene Crew von Surfern, um Anfängern Wissen über die Wellen zu vermitteln und

Der Strand von Waikiki bildete den Ausgangspunkt der Surf-Renaissance. Der *Outrigger Canoe and Surfboard Club* wurde 1907 von Alexander Hume Ford gegründet (OBEN LINKS)**. Im selben Sommer führte Waikiki-*Beachboy* George Freeth** (OBEN) **das Surfen in Südkalifornien ein. Bereits 1885 surften drei junge hawaiische Prinzen** (GANZ LINKS)**, die in Kalifornien die Schule besuchten, an der Mündung des San Lorenzo Flusses in Santa Cruz auf Brettern aus kalifornischem Redwood.**

Um 1910 entwickelte sich Surfen bereits zum Massensport; Dutzende von Surfern und Paddlern – manchmal sogar mehr – bevölkerten dann die Wellen mit ihren Kunststücken. Duke Kahanamoku, Goldmedaillengewinner der olympischen Schwimmwettkämpfe 1912, ist auf dem Plakat des Mid-Pacific Surf Carnivals von 1914 abgebildet. Schnappschüsse mit Surfbrett wurden zum ultimativen Beweis, daß man Hawaii besucht hatte. Mit der zunehmenden Zahl von Touristen, die das Wellenreiten selbst mal ausprobieren wollten, wuchs auch die Gruppe der *Beachboys,* die den Strand entlang der Hotels von Waikiki in Ordnung hielten. Bei den größeren Brettern von Duke Kahanamoku (OBEN: Erste Reihe, Vierter von rechts) war es möglich, zu zweit auf einem Brett zu surfen; die *Beachboys* konnten also einen *haole* mit hinaus auf die Wellen nehmen. Die Tatsache, daß unter den „Mitfahrern" natürlich auch junge Frauen waren, trug wesentlich zum Image der *Beachboys* bei.

Der Duke in Freshwater

Im Dezember 1914 lud die New South Wales Swimming Association Duke Kahanamoku nach Australien ein. Nachdem er in Sydney im Domain Bath seinen eigenen Weltrekord über 100 Meter Freistil (53,8 Sek.) unterboten hatte, demonstrierte der Olympiasieger der Bevölkerung, wie man über das Wasser lief. Dies war vollkommen neu und wurde von den Australiern begeistert aufgenommen, zumal man erst kürzlich das Recht erkämpft hatte, auch tagsüber im Meer baden zu dürfen.

Am 23. Dezember 1914 führte Duke sein Können einer riesigen Menschenmenge in Freshwater (das heutige Harbord) vor. Der bemerkenswerte dunkelhäutige Olympiasieger mit seinen rabenschwarzen Haaren und riesigen Füßen surfte fast drei Stunden lang. Dabei zeigte er alle bekannten Kunststücke, auch den Ritt im Kopfstand. Danach begeisterte er die Massen geradezu durch einen Tandemritt mit einer Dame namens Isabel Letham.

Das war der entscheidende Impuls für die Entwicklung einer eigenständigen, australischen Surfkultur, die jedoch noch lange Jahre von den Lebensrettungsgesellschaften kontrolliert wurde. Diese erlaubten nur eine sehr reglementierte Variation des *Beachboy*-Konzeptes.

Duke surfte stundenlang in Freshwater und dabei die meisten Wellen bis in nächste Strandnähe. Das dafür von ihm angefertigte Surfbrett wurde feierlich mit einer Kutsche an den Strand transportiert.

ihnen das Surfen beizubringen. Einer dieser lebenslustigen Waikiki-*Beachboys* war Duke Kahanamoku. 1890 geboren, entwickelte sich Duke zunächst zu einem phänomenalen Ruderer und Athleten und gilt heute als Vater des modernen Surfens.

Duke war nicht nur Surfer, er war auch ein außergewöhnlich guter Schwimmer. 1912 gewann er mit seinen „*luau*-Füßen" der Größe 48 und dem berühmten „Kahanamoku-Kick" die Goldmedaille über 100 Meter Freistil bei den Olympischen Spielen in Stockholm.

Nach den Spielen feierte man ihn wie einen König, als er durch Europa und die Vereinigten Staaten tourte, wo er sein Können zeigte, an Schwimm-Wettkämpfen teilnahm und sich unter anderem die Spitznamen „der menschliche Fisch", „der bronzene Duke (Herzog) von Waikiki" und „der schwimmende Duke" verdiente.

Während dieser Zeit machte Duke auch viele Menschen an der amerikanischen Ostküste und an kalifornischen Stränden mit dem Surfsport bekannt. Überall, wo Duke erschien und dem Publikum zeigte, wie man auf dem Wasser lief, entschlossen sich ganze Heerscharen neuer Enthusiasten, den Sport selbst zu betreiben.

Mit seinem guten Aussehen und natürlichen Charme zog Duke auch die Aufmerksamkeit der aufblühenden Filmmetropole Hollywood auf sich. Während der folgenden Jahrzehnte spielte er in insgesamt sieben Filmen verschiedene kleine Rollen, vom Indianerhäuptling bis

Duke Kahanamokus Kultstatus brachte ihn in den illustren Kreis der Stars (OBEN: **Zusammen mit John „Duke" Wayne in *The Wake of the Red Witch*, 1948) und anderer Berühmtheiten.**

GANZ OBEN: **Ein Postkartenmotiv mit Wellenreitern.**

Was ist Surf-kultur?

Frühe Beobachter mit einem geschärften Sinn für Abenteuer und Ästhetik, wie Mark Twain und Jack London, brachten dem Surfen als Zeitvertreib äußerste Wertschätzung entgegen. Ganz anders die Missionare und frühen Besucher mit ihren kalvinistischen und viktorianischen Moralvorstellungen, für die es heidnisch, unmoralisch und verderblich war. Es ist schon erstaunlich, daß bis vor noch gar nicht so langer Zeit diese Gegensätze die öffentliche Meinung vom Surfen dominierten.

Wie in der polynesischen Kultur gibt es auch heute noch ureigene Initiationsriten im Leben eines Surfers, die den Eintritt in die verschiedenen Klassen innerhalb dieser Gesellschaft markieren. Die Surfkultur besitzt sowohl eine reichhaltige Geschichte als auch ein einzigartiges System verschiedenster Rituale, eine eigene Sprache, eine lockere Hierarchie und ein besonderes Lebensgefühl. Dem wurde überall auf der ganzen Welt nachgeeifert.

„Jeux Haviens" – romantische Darstellung eines polynesischen Paradieses, in dem nackte Nymphen auf den Wogen reiten.

OBEN: 200 Jahre später, Surfer Tom Morey erschließt die Quellen auf Bali.

Tom Blake und das Hohlbrett

Tom Blake war ein guter Surfer und ausgezeichneter Paddler. Bei der Entwicklung eines schnelleren Paddleboards nahm er sich ein uraltes und beinahe in Vergessenheit geratenes *olo* aus dem Bishop Museum in Honolulu zum Vorbild. Er bohrte Hunderte von Löchern in ein fast 100 Kilogramm schweres Holzbrett, um das Holz auszutrocknen und beschichtete es anschließend von allen Seiten mit Sperrholz.

Zuerst lachten die *Beachboys* über seine 16 Fuß lange Hohlkonstruktion und nannten sie „cigar board", bis er allen davonpaddelte. Duke probierte sie aus und war begeistert. Blake nahm sein Brett mit nach Kalifornien und gewann den ersten Pacific Coast Surfing Contest in Balboa. Der Name blieb: Cigar. 1930 ließ Blake das hohle, hawaiische Surfboard patentieren. Es wurde schnell beliebt und gehörte bald zur Standardausrüstung der Lebensretter an den Stränden im ganzen Land.

Blake war nicht nur ein kreativer Neuerer und gefeierter Wassersportler, sondern auch ein visionärer Surfer und Vegetarier, der Vertreter eines neuen Lebensgefühls. „Tom Blake ist das Verbindungsglied zwischen den alten Wassersportlern des Südpazifiks und den europäischen des 20. Jahrhunderts", meint sein Biograph Gary Lynch. „Er kam nicht nur früher als die meisten anderen Surfer nach Hawaii, sondern er verstand auch das Aloha-Lebensgefühl... Während Albert Einstein seine Relativitätstheorie vollendete, kratzte Tom Blake ‚Nature=God' in den sandigen Fels Malibus... Wie Toms Leben weitergeht, gilt es noch zu berichten."

Toms Studium der alten hawaiischen Surfbretter inspirierte ihn zu seinem hohlen Paddleboard. Seitdem sind die Boards immer weiter entwickelt worden.

OBEN: **Blake mit einigen seiner Surfbretter.**

RECHTS: **Blake und Duke um 1935 im *Outrigger* mit einem von Toms Hohlbrettern.**

zum arabischen Prinzen. Den Part eines Polynesiers übernahm er jedoch erst 1948, als er zusammen mit John „Duke" Wayne in *The Wake of the Red Witch* spielte. Sein größtes Vermächtnis aber bleibt das des Botschafters für den Sport der hawaiischen Könige.

1920 war Duke in Detroit. Zusammen mit einer Gruppe von befreundeten hawaiischen Schwimmern gab er dort auf dem Heimweg von den Olympischen Spielen in Antwerpen ein paar Vorstellungen. Dann, eines Abends, ging das Team in ein Kino, und sah zufällig eine Tonfilmwochenschau. Dort begegnete Duke einem jungen Burschen aus Wisconsin, Tom Blake, der von Dukes Energie und Charisma so beeindruckt war, daß er spontan beschloß, sein Leben den großen hawaiischen Wassersportarten Schwimmen, Paddeln und Surfen zu widmen. 1924 zog Blake im Alter von 24 Jahren nach Hawaii.

Als Tom Blake zum ersten Mal den Sand von Waikiki betrat, war die Zahl der Touristen wie der jungen *Beachboys,* die im Auftrag der Hotels den Strand sauberhielten, dramatisch gestiegen. Es gab zudem eine Reihe prominenter Gäste.

In den Anfangsjahren bestritten viele Mitglieder der Surfszene von Waikiki Paddelwettkämpfe, obwohl die verwendeten Bretter schwere Planken mit schlechter Manövrierfähigkeit und mäßigem Auftrieb waren. Als einer der ersten begann Blake, mit seiner Ausrüstung zu experimentieren, bis er schließlich das „hohle" Surfbrett erfand. Es war eine leichtere Version des 50-Kilo-Bretts, das damals auf Hawaii üblich war.

In den 20er Jahren war aus dem Surfen ein neuer Sport geworden, wiederbelebt und stark verändert durch die *haole*-Fans. Es gab viele Wettkämpfe, in deren Mittelpunkt oft Paddelrennen standen. Hier sieht man Paddler 1940 in San Onofre auf den Startschuß warten, unter ihnen Tom Blake und Lorrin Whitey Harrison (Dritter und Vierter von rechts).

FOLGENDE DOPPELSEITE: **Ein weiteres beliebtes kalifornisches Surfrevier der 30er und 40er Jahre: Palos Verdes Estates. Die Wellenbedingungen entsprachen genau den Surfboards dieser Zeit. Dieses Foto von zwei Jugendlichen auf flachen Brettern und einem dritten auf einem Paddleboard** (MITTE) **in Paddleboard Cove, 1935, war eins der ersten Wasserbilder von Dr. John Ball. Es erinnert an die Fotografie von Tom Blake.**

Abgelegen, geschützt und wundervoll. Der Strand von San Onofre bot der Surfszene der 30er und 40er Jahre eine Heimat. Im Mittelpunkt eine alte Grashütte, dazu Wellen, die an Waikiki erinnerten. In San Onofre entwickelte sich eine eigenständige, von Hawaii inspirierte Surfkultur.

Dieses Brett, das zuerst die *Thomas N. Rogers Company* in Venice, Kalifornien, und später die *Los Angeles Ladder Company* herstellte, war das erste industriell gefertigte Surfbrett der Welt. Viel wichtiger war jedoch, daß Blakes Fortschritte im Design und der Konstruktion von Surfbrettern andere Surfer anregte, an ihrer Ausrüstung herumzubasteln und damit letztendlich eine regelrechte Revolution des Surfbrettbaus auslösten.

DIE HAOLES VON DER KÜSTE

Obwohl Blake jedes Jahr Hawaii besuchte, lebte er jetzt die meiste Zeit in Südkalifornien, wo sich die Surferszene sehr schnell ausbreitete. Angeregt durch Freeth und Duke sowie von Blakes revolutionärem Hohlbrett, wuchs in den goldenen 20er Jahren die Zahl der „*haoles* von der Küste“ stark an. Auch als die Wirtschaftskrise in den 30er Jahren das öffentliche Leben lähmte, gingen die Jugendlichen an den Strand, denn das gehörte zu den wenigen Dingen, die sie ohne Geld tun konnten.

In den späten 20er Jahren existierte ein harter Kern, der ein echtes Surferleben führte. Zu den ersten Orten in Südkalifornien, die selbst eine eigene Surfkultur hervorbrachten, zählte San Onofre auf der Santa Margarita Ranch am nördlichen Rand des heutigen San Diego County. Unten am Strand fanden die Surfer eine Strohhütte, die eine Filmgesellschaft

aus Hollywood dort zurückgelassen hatte; sie wurde zum Brennpunkt des Geschehens.

Um 1935 war San Onofre der bekannteste Küstenabschnitt zum Surfen südlich der Halbinsel Palos Verdes. Die Surfer, die dorthin kamen und manchmal wochenlang dort zelteten, schufen ihre eigene Kultur. Sie hatten Ukulelen, trugen Baströcke und Palmwedelhüte und bauten große Surfbretter aus Redwood. Bald zimmerten einige sogar Paddleboards. Es entwickelte sich eine neopolynesische goldene Ära der Vorkriegszeit, und der große Traum eines jeden war es, nach Hawaii zu reisen – in die Heimat von Freeth und Duke.

Sich als blinder Passagier nach Hawaii einzuschiffen, galt lange als eine Art Reifeprüfung für echte Surfer, bis in den frühen 60ern die Zeit der Flüge für 75 Dollar anbrach. Sogar für jene, die es selbst nie wagten, wurden die aufregenden Erzählungen um die unerschrockenen Helden zum festen Bestandteil von Legenden und Mythen, die sich um ihren Sport und Lebensstil rankten. Waren die Geschichten von jungen Surfern, die das Abenteuer suchten und am Strand von der Hand in den Mund lebten, auch romantisch verklärt, so vermittelten sie doch gleichzeitig ein Bild von Surfern als Menschen, die außerhalb der Kreditkartengesellschaft lebten.

In den 30er Jahren flohen viele kalifornische Surfer an entlegene Orte wie San Onofre, wo es keine Rettungsschwimmer und nur wenige oder gar keine Störungen von außen gab – sondern einfach nur die Idylle aus Wellen und Sonne. Es war eine Kultur im Aufbruch und jedesmal, wenn Surfer aus Hawaii zurückkehrten, brachten sie ein wenig vom „Aloha-Geist" mit. Ein gegenseitiger Austausch setzte ein; und wenn auch die alte Garde in Waikiki etwas fremdenfeindlich wurde und ihre Plätze mit Argwohn bewachte, vollzogen sich überall große Veränderungen.

Ein angenehmes Klima, die richtigen Wellen und die zunehmende Verbreitung des Autos machten Surfen zum Massensport. Die meisten Surfer bauten ihre eigenen Bretter (OBEN LINKS)**. Im Wasser machten sich zwei verschiedene Schulen bemerkbar: Blakes Hohlbrett** (OBEN: **linkes Brett) und die Planke** (RECHTS)**. Der Zweite Weltkrieg unterbrach die Bewegung, aber nicht für lange Zeit.** UNTEN: **Jugendliche aus Palos Verdes feiern im Sommer 1946 zusammen mit Einheimischen an der Hermosa Beach das Kriegsende.**

MALIBU

Etwa um die Zeit, als San Onofre die ersten Surfer anzog, wurde nur wenige Kilometer nördlich von Los Angeles ein weiterer neuer Spot entdeckt – Malibu. Malibu wurde zum zentralen Schauplatz für die neue kreative Seite des Sports. Ironischerweise sollte es sich letztlich auch als Ausgangspunkt für die massenhafte Vermarktung des Surfens erweisen.

Als Blake und Duke dort zum ersten Mal surften, war die ganze Küste Malibus im Privatbesitz von Frederick Rindge, der sich bemühte, das alte Familienerbe unversehrt zu erhalten. Auch seine resolute Witwe, May Knight Rindge, kämpfte später entschlossen gegen den Bau einer Bundesautobahn entlang dieses idyllischen Streifens aus Hügeln und Buchten. Trotz ihrer Anwälte und bewaffneter Cowboys verlor sie jedoch 1925 den Kampf, und der Staat gewann seinen Prozeß um die Enteignung des Landes. 1926 begann man mit dem Bau des Roosevelt Highway (jetzt State Highway 1), womit der Weg für die Erschließung der Küste von Malibu im wahrsten Sinne des Wortes geebnet wurde.

Der legale Zugang zur Küste entlang von Rancho Malibu blieb jedoch auf die private und landwirtschaftliche Nutzung beschränkt. Allerdings verkaufte man einen Uferstreifen nördlich von Malibu Point, genannt Malibu Colony, an die *Marblehead Development Company* und genau hier gaben sich die Stars von da an ein Stelldichein mit der See. Ronald Colman versuchte sich an den Wellen von Malibu, genau wie Jackie Coogan oder Joel McCrea.

Es hing also davon ab, ob man die richtigen Leute kannte oder mutig genug war. Pete Petersons Freundin arbeitete z.B in der Ziegelei von Marblehead, etwas mehr als drei Kilometer südlich von Malibu Point entfernt. Wenn die Brandung anschwoll, fuhr Pete sie

In den Nachkriegsjahren, in denen Wohlstand, Mobilität und Freizeit immer mehr zunahmen, tummelten sich die Leute an den Stränden, und viele versuchten sich im Wellenreiten.

GEGENÜBERLIEGENDE SEITE: **Eine Jam Session in San Onofre in den 40er Jahren.**

OBEN: **Norma Jean Baker (Marilyn Monroe) lauscht Pete Peterson und Tom Zahn in Santa Monica.**

UNTEN: **Malibu war von Anfang an ein besonderer Ort, an dem der Starkult des Surfens begann. Hier entdeckten viele Berühmtheiten das Surfen. Malibu, Pier und Bucht, 1950.**

Das Hot-Curl-Surfboard

Nachdem Blake sein Paddleboard entwickelt hatte, begann ein Umdenken im Surfsport. Statt sich wie bislang an die alten hawaiischen Modelle zu halten, begannen Surfer, mit neuen Formen zu experimentieren. Ein paar kleine, aber umwälzende Neuerungen im Design der Sportgeräte veränderten den Charakter der Surfbretter und infolgedessen auch das Surfen selbst.

Eine dieser Entwicklungen begann an Brown's Surf, einem Strandabschnitt gegenüber von Diamond Head, Waikiki. John Kelly, Fran Heath und Wally Froiseth surften eines Nachmittags im Jahr 1934 und bekamen Schwierigkeiten mit ihren breit auslaufenden Brettern. Immer wenn sie sich in eine Welle drehten, brachen die Bretter hinten aus, ein

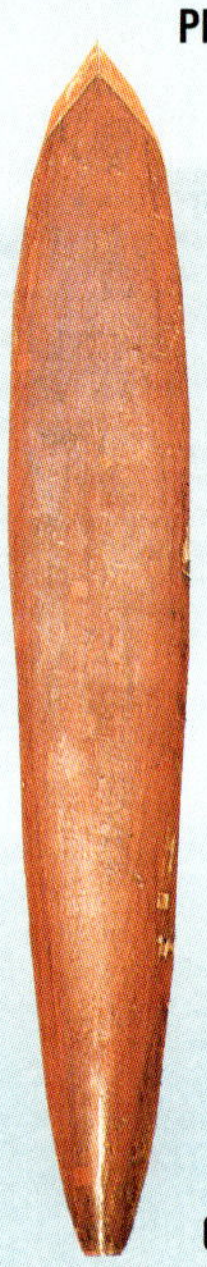

Phänomen finnenloser Bretter, bekannt als *slide ass.*

Frustriert kehrten sie an den Strand zurück, bearbeiteten eines ihrer Sportgeräte mit der Säge und hatten am Ende ein Brett mit einem nur etwa 12 cm breiten Heck, in das eine V-förmige Kerbe im Unterwasserschiff eingearbeitet war. Das Ergebnis war unglaublich. „Ich erwischte eine Welle, das Heck tauchte ein, und ich ritt immer weiter. Irgendwas war passiert", erinnert sich Kelly. [„Hot Curl", *The Surfer's Journal,* Vol. 3, Nr. 2]

Die neuen Bretter wurden „Hot-Curl" genannt, da man durch die erhöhte Geschwindigkeit direkt in der Welle, im *curl,* surfen konnte. Immer wieder verändert und verbessert, wurde klar, daß diese Art von Brettern sich am besten für große Wellen eignete. George Downing, Froiseth, Kelly und eine Handvoll anderer machten sich also auf die Jagd nach großen Wellen in abgelegenen Gebieten (besonders Makaha an Oahus Westküste). Hier konnten sie das Leistungsvermögen ihrer neuen Ausrüstung testen, ohne sich den mißbilligenden Blicken der konservativen Surfer auszusetzen, die weiterhin ihre alten Bretter benutzten.

Hot-Curl-Surfen markierte den Beginn des Hot-Dog-Surfens, und obwohl die älteren Surfer es nicht besonders schätzten, hatten sich die Zeiten geändert. Denn die Techniken der Hot-Curl-Könner haben auch heute noch Einfluß auf den modernen Surfstil.

Das schmale Heck der Hot-Curl-Boards verlangte nach einem neuen Surfstil. Blackie Makaena in Canoes, 1950.

UNTEN: Hot-Curl-Surfer in Makaha: Russ Takaki, Rabbit Kekai, Wally Froiseth und Roy Folk, um 1948.

zur Arbeit, schlüpfte mit seinem Brett durch den Zaun und ging zum Strand hinunter. Dann surfte er mutterseelenallein auf den perfekten Wellen von Malibu.

Der Preis für das unerlaubte Eindringen war ständige Wachsamkeit. Zwei frühe Pioniere an der Küste von Malibu, Dave Rochlen und Joe Quigg, mußten sich in Sequit Point (jetzt Leo Carrillo State Beach) einmal hinter den Felsen verstecken, weil Rindges Cowboys auf sie schossen. Sie waren auf das Gebiet der Ranch vorgedrungen.

Im Lauf der Jahre verkauften die Rindges Stück für Stück ihren gesamten Grundbesitz, in einigen Fällen an den Staat. Malibu Point, zwischen der Colony und dem Pier, wurde der Öffentlichkeit zugänglich.

Immer mehr Surfer kamen an diesen Ort. Malibu wurde zur Szene für eine neue Art von in dieser Form kaum dagewesenen Lokalpatriotismus. Doch dann kam der Zweite Weltkrieg

Malibu; hier mußte man sein im Sommer 1951. Von links nach rechts: Don Drazen, Mike Stevens, Robin Grigg, Dave Rochlen, Peter Lawford, Tom Carpenter, Molly Dunn und Tim Lyons. Diese Jugendlichen entsprachen dem Bild der modernen Surfer der zweiten Hälfte des 20. Jahrhunderts.

Auftriebskörper, Potato Chips & Pig Boards

Während des Zweiten Weltkrieges wurden die Strände zu Grenzgebieten– abgeriegelt, bewacht und zugangsbeschränkt. In dieser Zeit wurden zwar neue Materialien entwickelt, doch vorerst fiel der Sport in einen Winterschlaf. Die meisten Surfer trugen jetzt eine Uniform, und es blieben nur ein paar Jugendliche und Militärs zurück.

Zu dieser letzten Gruppe gehörte Robert Wilson Simmons. Er hatte 1939 das Paddeln zunächst als Therapie auf einem von Tom Blake konstruierten Brett angefangen, nachdem sein linker Arm von einem fast tödlichen Fahrradunfall verkrüppelt war. Simmons, Mathematiker und Flugzeugbauer bei Douglas Aircraft, war so surfbesessen, daß er sich oft von seinem Arbeitsplatz davonstahl und erst nach Abflauen der Brandung zurückkehrte. Nach Kriegsende setzte er sein technisches Wissen ein, um neue Bretter zu konzipieren. Er analysierte die physikalischen Grundlagen und verband die von der Navy gewonnenen neuesten naturwissenschaftlichen Erkenntnisse zur Hydrodynamik mit der Fiberglas-Technologie der Nachkriegszeit. Damit schuf er eine neue Generation von Redwood-Brettern, die stabiler, stromlinienförmiger und schneller waren und wenig mit den alten Brettern zu tun hatten. Er nannte sie „hydrodynamische Auftriebskörper". Eine andere Weiterentwicklung waren seine „Sandwich"-Boards aus Sperrholz, Schaumstoff und Fiberglas. Im September 1954 stürzte er bei hohem Wellengang in Windansea bei San Diego und tauchte nie wieder auf; einige Tage später fand man seine Leiche.

Joe Quigg surfte seit 1939 in Malibu. Nach dem Krieg kaufte er eines von Simmons Redwood-Brettern, „weil es die besten waren", beschloß dann allerdings, seine eigenen Bretter aus Balsaholz zu bauen, das einfacher zu verarbeiten war. Quiggs Balsabretter waren absolute Schönheiten. Er suchte das beste Holz aus, harzte es und fügte fiberglasüberzogene Holz-Finnen an. „Irgendwann im Juni 1950 waren ein paar Typen aus Malibu und aus San Onofre in Windansea. Es fing an zu regnen, also hörten wir auf zu surfen und legten uns zum Schlafen in unsere Autos. Als die anderen aufwachten und unsere herumliegenden Bretter sahen, rief einer von ihnen ‚Hey! Die sehen aus wie potato chips!' Dieser Name blieb hängen", erinnert sich Quigg.

1952 bekam der Kalifornier Dale Velzy eines von Quiggs Brettern in die Finger und beschloß, sein eigenes Geschäft aufzuziehen. Innerhalb

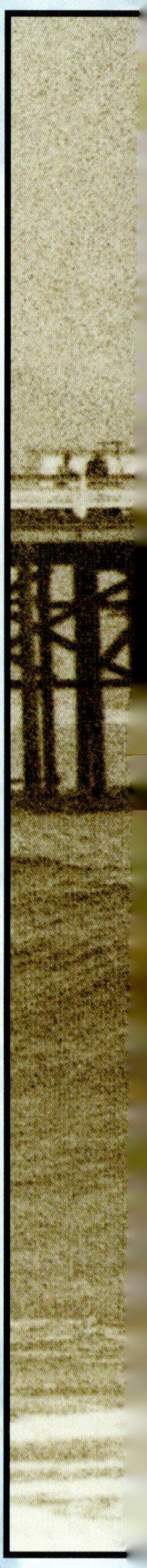

Drei der Pioniere der Chip-Surfbretter auf dem Weg von Hawaii nach Hause – Joe Quigg, Matt Kivlin und Tom Zahn, 1952. Nur ein paar Jahre zuvor glitten Dave Sykes und Peter Cole auf den konkaven Brettern von Simmons auf den Wellen von Malibu dahin (OBEN RECHTS). Doch kurz darauf kam der Durchbruch der Balsaholz-Bretter, und der Beginn einer neuen Ära zeichnete sich ab.

OBEN: Das Auto von Simmons mit einem seiner ultraschnellen, dreifach beschichteten und mit einer Kerbe versehenen Bretter auf dem Dach.

UNTEN RECHTS: Dale Velzy erkannte früh die Marktchancen und begann in seiner Garage mit dem Bau von Surfbrettern. Fünf Jahre später eröffnete er den ersten Surfshop der Welt.

weniger Monate hatte er eine Etage über dem Hermosa Pier gemietet und richtete dort eine Werkstatt ein. Velzys Philosophie war einfach: „Meine Modelle sollten das Surfen so einfach wie möglich machen. Anstatt in zwei Jahren konnte man das Surfen mit den Chip-Brettern in vier Wochen lernen." Velzys neue „Pig Boards" machten Furore.

Diese neuen Chip-Bretter veränderten das Surfen, standen sie doch für einen vollkommen neuen Stil des Hot-Dog-Surfens (ausgegangen von den Hot-Curl-Surfern), das in Kalifornien den Trend der 50er und 60er Jahre markierte. Diese Boards waren vielseitiger und steigerten damit die Popularität des Wellenreitens. Auf einmal konnte man fast überall surfen.

und beendete jäh den mächtigen, friedlichen Impuls des Surfens, der sowohl von Hawaii als auch vom Festland ausgegangen war.

MAKAHA AM SCHEIDEWEG

Nach Ende des Krieges begannen die Surfer wieder zwischen Hawaii und dem Festland hin- und herzupendeln, doch jetzt rankte sich eine neue Mystik um die Insel. Am 22. Dezember 1943 waren Dickie Cross und Woody Brown, zwei Hot-Curl-Surfer aus Waikiki, über das Riff vor dem Sunset Beach am Nordufer von Oahu hinausgepaddelt. Es waren die größten Surfwellen seit Jahren – an die zehn Meter oder höher. Nachdem es ihnen jedoch nicht

gelungen war, die ausrollenden sechs Meter hohen Gischtwände zu überwinden und sie auf das offene Meer hinausgetrieben wurden, steuerten sie Waimea Beach an, um dort an Land zu gelangen. Aber auch bei Waimea kamen sie nicht mehr aus dem Wasser. Woody wurde schließlich an den Strand gespült, Dickie jedoch sah er nicht mehr lebend wieder.

Der Tod von Dickie Cross hielt die Surfer über ein Jahrzehnt lang von den „schweren Brocken" des Nordufers fern. Einige sagten, Woody Brown sei danach nie wieder bei großen Wellen hinausgepaddelt; das stimmte allerdings nicht. Der Kalifornier Walter Hoffman sah, wie Woody auf der größten Welle ritt, auf der er jemals einen Menschen hatte surfen sehen. Das war um das Jahr 1950 herum, und es war in Makaha.

Tom Zahn, vielleicht der beste kalifornische Surfer der 40er und 50er Jahre: Sein ruhiger Stil auf den ölig-glatten Wellen von Malibu stellte seine beachtlichen Fähigkeiten als Paddler noch in den Schatten. So paddelte er 1953 bei unruhiger See die fast 60 Kilometer von Molokai nach Oahu. Wie viele andere Surfer, war auch er Rettungsschwimmer.

In den späten 40er und frühen 50er Jahren traf man sich in Makaha: Kalifornier mit ihren Potato Chips und Hawaiianer mit ihren Hot-Curls. Die verschiedenen Stile verschmolzen zu einer neuen aufregenden Mischung.

OBEN RECHTS: **Winterquartier in Makaha, Les Williams und Buzzy Trent.**

OBEN LINKS: **Innenansicht einer der Hütten mit Surfern und ihren Brettern.**

OBEN: **Die Makaha-„Besatzung", um 1950.**

Makaha auf der Westseite von Oahu schien sicherer zu sein als das Nordufer, obwohl man auch hier auf gigantische Wellen treffen konnte. Der geschwungene, mit Felsen durchsetzte goldene Strandabschnitt an dem kahlen leewärts gelegenen Ufer war in den späten 40er Jahren fast menschenleer, nur wenige Surfer gingen dorthin. Im wesentlichen waren es nur die Hot-Curl-Surfer Wally Froiseth, George Downing, Woody und noch einige andere.

Makaha war paradiesisch, heiß und trocken mit ständigem Landwind. Es war das ursprüngliche, freie Landleben, das von da an eine alljährliche Winterwanderung der Surfer von Kalifornien nach Hawaii auslöste. Walter und Flippy Hoffman, Buzzy Trent, Downing und Froiseth sowie einige andere „Stadtsurfer" kamen hierhin.

Die Mischung aus Stadt und Land in Mahaka, aus *kama'aina* (Ureinwohner) und *haole*-Surfern, verlieh dem Surfen dort eine neue Dimension. Makaha war ein wildes Stück Erde, das den uralten Geist des polynesischen *he'e nalu* (Surfen) heraufzubeschwören schien. Der alte Treffpunkt Oahu wurde noch einmal zu einem Zentrum der Surfkultur. Im Winter 1954 trug man hier die ersten Makaha International Surfing Championships aus, bei denen Wettkämpfe im Surfen, Bodysurfen, Paddeln und Tandemsurfen stattfanden.

1952 verließen Greg Noll, Jim Fisher und Mike Stang die Schule in Kalifornien und machten sich auf den Weg nach Hawaii. Kurze Zeit später gab Fred Van Dyke seinen Posten als Lehrer in Santa Cruz auf. Zusammen mit seinen Freunden Rick Grigg und Peter Cole ging er ebenfalls nach Hawaii. Viele andere schlossen sich der einsetzenden Wanderung an. Es war einer der letzten Momente einer Ära, als das Surfen noch der Sport von einigen wenigen war. Zwischen den Surfkulturen in Kalifornien und Hawaii bestand ein reger Austausch, und es war eine Zeit einsamer Glückseligkeit und gemeinsamer Ideale.

WAIMEA BAY

Eines der imposantesten Bilder vom Surfen zeigt eine gigantische Welle in der Waimea Bay. An einem Sommernachmittag wirkt diese malerische, azurblaue Bucht mit dem goldfarbenen Sand und der smaragdgrünen Küstenlinie des Nordufers wie ein sanftes Juwel. In den Wintermonaten ist sie hingegen nicht mehr wiederzuerkennen.

Wenn die heftigen Winterstürme über den Nordpazifik in Richtung der Aléuten-Inseln fegen, wirbeln sie gigantische Wellen auf, die sich donnernd überschlagen. Wenn die Wellen sechs Meter oder höher sind, sind sie nicht mehr zu bewältigen, weil sie „zumachen" und nur noch an den vorgelagerten Außenriffen sauber brechen. In den 50er und 60er Jahren dachte niemand ernsthaft daran, so weit im offenen Meer zu surfen. Dennoch gab es einen Ort, der bei riesigem Wellengang zugänglich blieb: die Deep Water Bay in Waimea.

Winter für Winter waren Greg Noll und die anderen Nordufer-Surfer von Makaha aus an Waimea Bay vorbeigefahren, um vor dem Sunset Beach zu surfen. Gelegentlich hatte Noll seine Kumpels ermuntert, sich mit ihm auf ein Abenteuer in der Bucht einzulassen, aber sie waren nicht darauf eingegangen. „Wir hatten es uns drei Jahre lang angesehen", berichtete Noll in einem Interview. „Alle hatten eine Heidenangst vor der Bucht. Die alte hawaiische *heiau* [Gebetsstelle] oben auf dem Hügel und das alte Haus darunter waren angeblich verhext. Und dann war da noch die Sache mit Cross' Tod ... Auf jeden Fall stand fest: An dem Ort herrschte ein mächtiger mystischer Zauber. Bei dem ganzen Schwachsinn, der über diesen Ort erzählt wurde, hätte man glauben können, daß da draußen ein riesiges Loch lauerte, um einen zu verschlucken oder so ähnlich. Buzzy Trent nannte mich einen Rattenfänger; er meinte, wir würden ersaufen wie die Ratten."

Die berühmten Calhouns: Hübsch anzusehen und obendrein auch noch großartige Wellenreiterinnen.

GANZ OBEN: **Robyn, Marge und Candy in Makaha, 1962. Mutter Marge war mit Hevs McClelland, dem amerikanischen Surfkomiker verheiratet, der in vielen Filmen von Bud Browne mitspielte.**

OBEN: **Der Big-Wave-Surfer Walter Hoffman in der Nähe von Makaha, 1949. Ein Sohn aus dem Hause *Hoffman Fabrics* begann in den 50er Jahren damit, Hawaiihemden herzustellen.**

Der erste Tag in Waimea Bay. Nach Jahren der Angst und des Gedenkens an Dickie Cross war es am 7. November 1957 soweit: Waimea gehörte den Surfern.

LINKS (von links nach rechts): Greg Noll, Pat Curren, Del Cannon und Micky Muñoz (gerade beim Abschmieren) reiten auf einer „Großen".

OBEN: Zu denen, die von der ersten Stunde an dabei waren, gehörten Noll, Muñoz, Bob Bermell und Mike Stang. An jenem Tag begann die Subkultur der Extremsurfer.

Die ersten Surffilme und -fotos

„Der wahre Held, der Mann im Hintergrund, ist Bud Browne", schrieb Fred Van Dyke in *30 Years of Riding the World's Biggest Waves*. „Während einige Surfer sich unsterblich machen, sitzt der Fotograf Bud, bewaffnet mit Kamera, Wetsuit und Flossen am Brennpunkt des Geschehens, um gute Bilder vom Wellenreiten zu bekommen."

Bud Browne war der erste in einer langen Reihe von Filmemachern, die den aufregenden, manchmal furchteinflößenden, aber immer schönen Tanz der Surfer und der Wellen für alle Welt sichtbar auf Zelluloid bannten. Obwohl bereits Mitte der 40er Jahre Dr. John Ball den interessanten 16-mm-Film *Californian Surfriders* gedreht hatte, waren es die Filme von Browne – der erste war 1953 *Hawaiian Surfing Movie* – die Jahr für Jahr eine wahre Euphorie entfachten und dem Surfsport Mitte der 50er Jahre viele neue Fans einbrachten. Selbst ein hervorragender Wassersportler, machte Browne die Bilder vom Surfen nicht nur einem Massenpublikum zugänglich, sondern schuf mit seinen Filmen auch das Medium für einen regelrechten Starkult. Jetzt konnte jeder die bislang sagenumwobenen Wellenreiter selbst bewundern.

Browne organisierte alles selber, er filmte, machte den Schnitt, die Werbung, den Kartenverkauf, schrieb das Drehbuch und putzte. Er veranstaltete Touren durch ganz Kalifornien und führte seine Filme in Schulen und Gemeindehallen entlang der Küste vor. Surfer wie Downing, Froiseth, Buzzy Trent, Jim Fisher, Peter Cole, Phil Edwards, Mickey Muñoz und Mike Doyle verdanken ihm ihren Ruhm. Mit seinen Bildern von Hawaii und vom Surfen gewann er immer mehr Fans für diesen Sport. Er zeigte nicht nur das reine Wellenreiten, sondern vermittelte auch das dazugehörige Lebensgefühl und brachte das Publikum zum Lachen. In den späten 50er und 60er Jahren gab es Dutzende von Filmemachern, die sich sein Konzept zum Vorbild nahmen.

Die Fotografie erlebte eine ähnliche Entwicklung. Von den vereinzelten Illustrationen oder Fotografien in den frühen Büchern und Zeitschriften stammten nur wenige von der Surfszene in Waikiki auf Hawaii. Aber Tom Blake hatte von seinem Paddleboard aus einige hervorragende Aufnahmen gemacht, die 1935 im *National Geographic* veröffentlicht wurden. Die überwältigenden Bilder mobilisierten ein breites Publikum, selbst den Nervenkitzel auf den Wellen zu suchen und ermunterten junge Leute wie die kalifornischen Surfer John „Doc" Ball und Don James dazu, ebenfalls zur Kamera zu greifen.

Neben den Aufnahmen von diesen beiden gab es vor 1960 fast nur Schnappschüsse von Amateuren oder Reportern.

James, der viel Zeit im *Del Mar Beach Club* in Santa Monica verbrachte, war von Blakes Fotografien stark beeindruckt. „Ich begann selbst mit dem Fotografieren, um unseren Eltern und Lehrern zu zeigen, was sich eigentlich so abspielte", erzählte er Craig Stecyk in einem Interview kurz vor seinem Tod im Dezember 1996. Sein Gesamtwerk dokumentiert die Geschichte des Surfens über sechs Jahrzehnte hinweg.

Der junge Zahnarzt John Ball begann, an Hermosa Beach von seinem Paddelbrett aus Aufnahmen zu machen. Zunächst mit einer Kodak-Autograph-Klappkamera und später mit einer Graph-Light. Er mußte nach jedem Bild neues Papier einlegen, während er auf seinem Brett kauerte. „Man mußte genau wissen, was man tat", sagt Ball, dessen Bilder von den Surfern vor Paddleboard Cove, San Onofre und anderen Orten entlang der Küste ihm den Ruf als Ansel Adams der Surffotografie einbrachten.

Doch all diese Berichterstattung hatte natürlich ihren Preis, was auf Hawaii von Saison zu Saison deutlicher wurde. „Uns schienen es Massen zu sein, die da an die North Shore von Hawaii strömten. 1956 waren es ungefähr 20 Neulinge", schrieb Fred Van Dyke. „Alle hatten dasselbe Ziel vor Augen: nämlich die Angst vor der North Shore zu bezwingen."

GEGENÜBERLIEGENDE SEITE: **Bud Browne, Pionier des Surffilms, Makaha, 1962.**

Zwei Meister der Surffotografie: Dr. Don James (LINKS) **in Makaha, 1962, und Dr. John Ball** (RECHTS) **in Paddleboard Cove, nahe Palos Verdes, etwa 1938 auf einer Fotografie von Tom Blake.**

Seit den 30er Jahren erfüllten die kalifornischen Surfklubs auch eine soziale Aufgabe und richteten außerdem Wettkämpfe aus. Einer der ersten war der Santa Cruz Surfing Club. Auch die Australier fingen an, Clubs zu gründen, als die „Malibu"-Surfbretter in den späten 50ern und die „Foamies" in den frühen 60er Jahren aufkamen. Sie veranstalteten Wettkämpfe und ahmten den Lebensstil der amerikanischen Surfer nach, der ihnen in Filmen und Zeitschriften vorgeführt wurde.

OBEN RECHTS: **Die Autos des australischen Surfers und Filmemachers Bob Evans in den späten 50er Jahren.**

Aber am 7. November 1957 ereignete sich dann das Außergewöhnliche. „Wir fuhren mal wieder in Richtung Sunset und hielten in Waimea", erinnert sich Noll später. „Es war ein guter Tag, es gab keine besonders riesigen Wellen, vielleicht fünf bis sechs Meter hoch, da sahen Mike Stang und ich uns nur an und sagten: ‚Jetzt oder nie.' Also paddelten wir raus, und als ich mich umdrehte, bemerkte ich, daß Pat Curren und noch jemand anders hinterherkamen."

Noll behauptet, als erster auf einer Welle gesurft zu sein, aber darüber herrschen unterschiedliche Meinungen. Einige sagen, es sei Harry Church gewesen. „Es war eine relativ kleine Welle", erläutert Noll. „Ich startete seitlich von der Schulter, ließ mich hineingleiten und zog dann raus. Der Himmel teilte sich nicht, die Götter waren offensichtlich auch nicht sauer, ich war tatsächlich noch am Leben. Zu diesem Zeitpunkt waren Pat und Mike noch draußen. Sie nahmen die nächste Welle. Dann blickte ich zum Ufer und sah mehrere Typen, die ihre Bretter von den Autos rissen! Das Tabu war gebrochen. Es waren zwölf Jungs, die an jenem Tag da draußen surften."

Noll erinnert sich weiter, daß die Einheimischen, die den Ort fürchteten und die Surfer stets ermahnten, sich von der Bucht fernzuhalten, plötzlich in Scharen erschienen. „Fast die ganze Stadt Haleiwa war auf den Beinen, weil die verrückten *haoles* in der Waimea Bay drauf und dran waren, Selbstmord zu begehen!"

Die Eroberung der Waimea Bay elektrisierte die ganze Surfergemeinde. Mit einem Mal war Surfen eine Extremsportart. Man mußte kein ausgesprochener Fan mehr sein, um Gefallen daran zu finden. Wer Greg Noll dabei zusah, wie er sich von der Krone einer fast acht Meter hohen Waimea-Wand ins Leere stürzte, konnte sich entweder nur vor Angst in die Hosen machen oder sofort hinauspaddeln und es selbst versuchen.

UNTERDESSEN IN AUSTRALIEN

Seit die Australier 1902 das Recht erkämpft hatten, tagsüber im Meer baden zu dürfen, und seit Duke Kahanamoku 1914 dort den Sport der hawaiischen Könige demonstriert hatte, war das Surfen in Australien in seiner Entwicklung einen sehr seltsamen Weg gegangen. Während die Surfer immer noch auf Planken nach dem Vorbild von Dukes Kiefernbrett dahin-glitten, bauten die Rettungsschwimmer Surfboote (dories) oder Surf-skier. Alles drehte sich um Wettkämpfe zwischen den Klubs der Surfer und der Rettungsschwimmer. Das klassische Surfen war in Australien nur ein traditioneller, untergeordneter Bestandteil innerhalb eines komplexen Systems aus institutionalisiertem Baden, gymnastischen Übungen der Rettungsschwimmer und grandioser öffentlicher Zurschaustellung.

TEAM OF U.S. LIFESAVERS
HERE FOR SURF CARNIVALS

Warm Welcome

1956 annoncierten die Zeitungen in Sydney die Ankunft der amerikanischen „Rettungsschwimmer". Greg Noll (rechts) und seine Mannschaft waren sogar auf der Titelseite abgebildet.

Die ersten Surfbretter sind auf ein paar einfachen Holzböcken am Strand oder in Garagen gebaut worden. Seit den späten 50er Jahren entstanden dann die ersten Werkstätten, die in den 60er Jahren große Erfolge hatten.

OBEN: **Zwei Surfgeschäfte an der Hermosa Beach, 1964, von Greg Noll und Hap Jacobs, der zusammen mit Dale Velzy angefangen hatte. Velzy hatte diese Entwicklung vorausgesehen und die Jugendlichen aus Hermosa von seinen Brettern überzeugt. Er nannte sie seine Gremlins und als „Gremmies" blieb dieser Name haften.**

GEGENÜBERLIEGENDE SEITE: **Hobie Alter (rechts) mit seinem begabtesten Surfer und Konstrukteur Phil Edwards, dem ersten Profi-Surfer. Hobie erkannte die Möglichkeiten des Kunststoffs und beeinflußte die moderne Surfboard-Entwicklung maßgeblich.**

Zwar brachte der Schauspieler und Surfer Peter Lawford 1954 für Filmaufnahmen ein Brett aus Balsaholz mit nach Australien, aber das schien niemand zu bemerken. Zwei Jahre später jedoch finanzierte die US-Regierung aus Interesse am Rettungsschwimmen mit Surfbrettern eine Abordnung von amerikanischen Spitzensurfern nach Australien. Sie fiel genau mit den Olympischen Spielen von Melbourne 1956 zusammen. Diesmal waren die Australier neugierig, denn unter der Leitung von Tom Zahn lieferten die Kalifornier bei Vorführungen entlang der gesamten Ostküste Australiens Kostproben ihres Könnens.

„Der Einfluß auf die australischen Surfer war nun sogar noch einschneidender als die Surfdemonstrationen, die Duke Kahanamoku vierzig Jahre zuvor in Freshwater gegeben hatte," schrieben Margan und Finney in *Surfing: A History of the Ancient Sport.* „Jeder australische Surfer, der den Amerikanern zusah, wollte danach unbedingt ein Malibu-Brett haben. Aber sie waren nicht einfach zu bekommen, weil Balsaholz zu jener Zeit in Australien nicht aufzutreiben war. Trotzdem sah man schon wenige Wochen später die ersten Sperrholzkopien der Bretter von Zahns Team im Wasser. Bei den Surfbrett-Herstellern in Kalifornien gingen zahlreiche dringende Anfragen ein, und auch die ersten australischen Produzenten stellten ihre Fabrikationsanlagen um."

Greg Noll kam mit Filmen über Australien nach Hause und weckte damit das Interesse der Surfer in den USA an dem Land auf der anderen Seite des Globus. Aus der gegenseitigen Befruchtung zwischen Kalifornien und Hawaii wurde eine Dreiecksbeziehung. Der Zeitpunkt war günstig, denn fast zur selben Zeit betrat ein Vertreter von *Reichold Plastics* den Surf Shop von Hobie Alter in Dana Point. Sein Unternehmen suchte Anwendungsmöglichkeiten für ein neues Material, das sich Polyurethan-Schaum nannte. Es sollte die Popularität des Surfens in den 60er Jahren in neue Höhen katapultieren.

Hobie und der Kunststoff

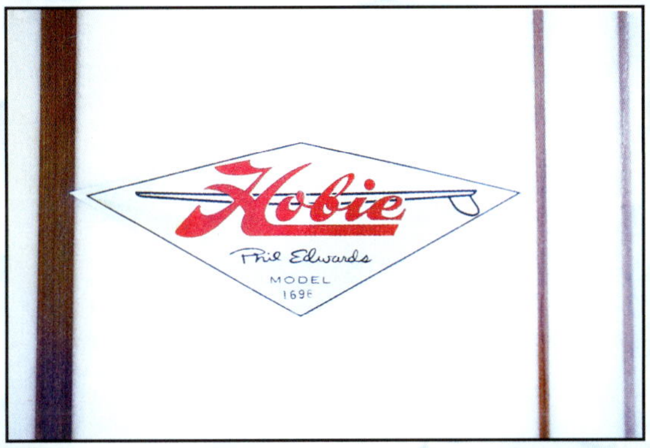

Der Kalifornier Hobie Alter wuchs in Laguna Beach auf. Damals surfte noch kaum jemand im Stehen, und auch Hobie war mit Bellyboards und Skimboards zufrieden. Bis er eines Tages ein Surfbrett aus Balsaholz und Fiberglas von Walter Hoffman ausprobierte. Der 15jährige Alter war sofort begeistert, und Hoffman zeigte ihm, wie er sich sein eigenes Malibu-Chip bauen konnte. Nachdem Hobies Brett fertig war, wollten die anderen Teenager am Strand natürlich auch eins, und so richtete er im Vorgarten seiner Eltern eine Werkstatt ein und berechnete das Material und seine Arbeitszeit (etwa 20 Dollar pro Brett). Im Schnitt schaffte er, neben der Schule, 20 Boards pro Sommer. Im Februar 1954 zog er in die nahegelegene Kleinstadt Dana Point und eröffnete dort *Hobie Surfboards*. „Meine Bekannten lachten mich deswegen aus", erinnerte sich Hobie. „Sie prophezeiten, daß ich pleite gehen würde, sobald die 250 Surfer der Umgebung mit einem Brett versorgt wären. Aber es kamen immer mehr Aufträge."

In den 50er Jahren verbrachten die Amerikaner immer mehr Zeit am Strand. Die Jugendlichen hatten mehr Freiheit, das Benzin war billig und Flüge bezahlbar. Inzwischen war Surfen auch an der Ostküste populär geworden, und Hobie bekam auch von dort vereinzelt Aufträge.

Dann stellte ein Vertreter von *Reichold Plastics* einen neuen Schaumstoff vor, und das gerade während einer kritischen Phase. Denn der Surfsport hatte einen so rasanten Zuwachs, daß der Mangel an Balsaholz anscheinend der einzige einschränkende Faktor war. Hobie und Dale Velzy stritten sich zunehmend um die zur Neige gehenden Ressourcen aus Südamerika. Also begann Hobie mit dem neuen Material zu experimentieren, indem er versuchte, durch Aufschäumen einen beständigen Schaumrohling ohne Lufteinschlüsse und mit gleichmäßiger Struktur zu entwickeln, der mit einem Elektrohobel geformt werden konnte. Er beauftragte seinen Harzer Gordon „Grubby" Clark mit der Herstellung der Schaumrohlinge und gründete 1958 eigens eine Fabrik dafür in Laguna Canyon. Auch andere begannen in den späten 50er Jahren, Bretter mit den neuen Schaumkernen zu bauen, aber Hobie war ihnen weit voraus.

1959 kam der Film *Gidget* von Columbia Pictures in die Kinos. Es war eine romantische Geschichte über freiheitsliebende, hedonistische Rebellen, die am Strand lebten, liebten und surften. Die Story war flach und außerdem hoffnungslos kitschig, die Schauspieler waren mäßig. Aber der Streifen kam genau zum richtigen Zeitpunkt. Surfen wurde explosionsartig zum Massenerlebnis.

Dazu Hobie: „Wenn dieser Film während der Balsaholz-Ära herausgekommen wäre, dann hätte kein Mensch die Nachfrage nach Boards befriedigen können."

Wie Wellen entstehen

Die Erde ist der Planet des Wassers. Ungefähr drei Viertel der Erdoberfläche bestehen aus Wasser. Die Pole sind mit riesigen gefrorenen Wassermassen bedeckt, das Land ist übersät mit Seen und Flüssen. Und wenn man tief genug gräbt, findet man unter der Erdoberfläche noch viel mehr von dieser durchsichtigen, geruchs- und geschmackslosen Flüssigkeit.

Aber Wasser hat keine spiegelglatte Oberfläche. Das Meer bietet eine sehr große Angriffsfläche, einen riesigen Raum für kosmische Energien, die von der Atmosphäre auf die Wasseroberfläche treffen und Wellen erzeugen. Wie das Surfen, ist dies einerseits ein einfaches, andererseits ein beeindruckendes Phänomen. Die Atmosphäre reibt an der Wasseroberfläche und ruft damit kleine Wellen hervor, die sich dann zu weiteren, immer größeren Wellen entwickeln. Hat sich eine Welle erst einmal gebildet, wandert sie durch den gesamten Ozean, bis sie auf Land stößt und die gespeicherte Windenergie wieder freisetzt, sobald sie sich am Strand bricht.

Eine perfekte (allerdings nicht zum Surfen geeignete) Welle rollt wenige Zentimeter über das rasiermesserscharfe Riff vor Haapiti, Moorea.

OBEN: Blick über den Rincon Point, „Queen of the Coast“, aufgenommen von Joe Quigg, 1947. Bob Simmons Surf-Auto „AV8“ steht am Straßenrand mit seinem Brett auf dem Dach.

Cowboys wehrte, die aus dem San Fernando Valley in den Garten Eden Malibu einbrachen, wurde er dennoch zur Symbolfigur des Widerstands. Ein eigener Kult, dessen Wurzeln bis in die Anfänge von Waikiki mit der Aufteilung des Strandes in unterschiedliche Territorien reichte, entfaltete sich in den Gewässern von Malibu. Der beste Strandabschnitt nahe der Pier erhielt den Namen *The pit*. Hier hielt sich die Malibu-Elite auf, und jeder Neuling mußte sich durch die enge Öffnung im Zaun quetschen und auf dem Weg zu den Wellen an *The pit* vorbei. Viele von ihnen wurden die Zielscheibe grober Beleidigungen und vulgärer Beschimpfungen – ein entwürdigendes Schauspiel, dessen Hauptakteur Bob Simmons mit seinem berüchtigten Mundwerk war. Die Gossensprache nahm den Platz zivilisierter Konversation ein und eroberte über den Strand hinaus auch das Wasser.

SURFEN UND MEDIEN

Eine neue Generation von Filmemachern, die den Surfboom noch steigerte, folgte dem von Bud Browne eingeführten bewährten Muster: im Winter drehen, im Sommer vorführen. Bruce Brown, John Severson, Jim Freeman und Greg MacGillivray produzierten Klassiker, die Generationen von Surfern inspirierten. Sogar Greg Noll versuchte sich Ende der 50er Jahre als Filmemacher. Später jedoch meinte er, es habe ihn 25 Jahre seines Lebens gekostet. „Die technischen Aspekte der Filme waren, im Gegensatz zu Severson und Bruce, nicht meine Stärke", gestand er 1997 in einem Interview. „Ich liebte Surfen einfach nur über alles."

Der brillante Wassersportler Mickey Dora war sehr aufgebracht, daß „seine" Wellen in Malibu von Massen von Anfängern aus dem Landesinneren bevölkert wurden.

LINKS: **Dora in Frankreich, Mitte der 70er Jahre.**

OBEN: **Dora war dafür berüchtigt, Ungeübte „abzuschießen", die in seiner Welle starteten.**

Da Cat

Mickey Dora ist der Muhammad Ali des Surfsports. Ein Mann der Widersprüche: Eloquenter Redner und Macho-Künstler (er ist Maler); ungehobelter Faulenzer und Charmeur zugleich; ein Surfer kleiner Wellen, der aber auch in Waimea zu den ersten zählte, wenn es galt, Ehre oder Geld zu verdienen. Wie andere große Rebellen wetterte er gegen die totale Kommerzialisierung des Sports. Die einzige Hoffnung, behauptete er, seien die Unangepaßten.

Malibu bietet gute Möglichkeiten für die artistischen Surfer Südkaliforniens. Hier gibt es die optimalen Wellen für den Hot-Dog-Surfer, die ziemlich schnell, aber leicht einzuschätzen sind. Das Wellenreiten in Malibu kann Meditation sein, eine Erfahrung wie Zen, ganz im Gegensatz zu dem lebensgefährlichen Surfen auf Hawaii. 1970 schrieb der südkalifornische Schriftsteller Dale Herd in seinem Artikel „Superslicksurfcat and the Ethics of the Perfect Moment" in *Surfer* über Mickey Dora folgendes: „Das ist Dora in Höchstform. Er gleitet völlig bewegungslos durch die Brandung, reagiert nicht nur katzenartig auf die Wellen, sondern kontrolliert sie auch noch durch seine Fahrt. Das ist der entscheidende Unterschied zwischen einem jungen begabten, athletischen und einem kreativen Surfer, dem Künstler."

Surf-Nazis und gebleichte Haare

Das von den Medien gezeichnete Bild vom Surfsport war sehr widersprüchlich. Artikel in *Time* und anderen Zeitschriften brachten die Surfer in Verbindung mit Motorradfreaks, Autonarren und Drogenabhängigen. Das Bild wurde noch verwirrender, als das Wort „Nazi" dazukam. Die Surfer selbst hatten es aufgegriffen, benutzten es allerdings stets mit einem Augenzwinkern.

OBEN: Dieses Bild eines „Surf-Nazis", das im *Surfer* erschien, war inszeniert. Kein Surfer trug solche Helme. Jim Fitzpatrick in Malibu.

GEGENÜBERLIEGENDE SEITE: Der Vater von Lance Carson hatte eines Tages Dale Velzy beim Bau eines Surfboards zugesehen; daraufhin ging er nach Hause und schnitt aus Balsaholz das erste Surfbrett seines Sohnes. 1960 gehörte Lance zu den besten Surfern Malibus. Er verband den gleitenden Stil der alten Schule mit komplizierten Manövern und dem Noseriding, wie es z.B. auch Dewey Weber praktizierte. Sein Stil war flüssig und immer auch ein bißchen virtuos.

VORHERIGE DOPPELSEITE: Surfrider Beach, Malibu, im Sommer 1962. Die Tage der Ruhe in den 30er und 40er Jahren schienen nun endgültig vorbei zu sein.

Diese „Nazi-Episode" nahm ihren Anfang mit den in den 30er Jahren an der Küste beliebten „Swastika"-Surfboards der *Pacific System Homes.* In den frühen 60er Jahren gab es immer wieder Nazi-Parodien in den Surffilmen, in Malibu und Windansea tauchten Hakenkreuze an den Wänden auf, und aus den Wellen konnte man vereinzelt ein „Sieg Heil" vernehmen. Big Daddy Roth, der vom *Time*-Magazin als „Waffenlieferant der Hell's Angels" bezeichnet wurde, brachte schließlich auch noch Surfhelme aus Fiberglas auf den Markt, die den Wehrmachtshelmen sehr ähnelten. Auch Hollywood schürte die Assoziation mit der Biker Szene, indem es durch die Untertitel Erik von Zippers den „Badetuch"-Filmen entsprechende Tendenzen unterschob.

Das Bild des „Surf-Nazis" erregte den Zorn der Bevölkerung, die die Wellenreiter ohnehin für eine Bande von Faulenzern hielt. Mitte der 60er Jahre wetterte das *Surfer*- Magazin gegen den Gebrauch solcher Nazi-Assoziationen und bezeichnete sie als „typisches Kennzeichen für einen *Kook*" (*Kook* steht für einen ungeübten Surfer oder jemanden mit einer besserwisserischen Einstellung). Doch der Begriff „Surf-Nazi" blieb fester Bestandteil des Surfjargons. Die Bedeutung verschob sich lediglich in Richtung Hard-Core-Surfer, die alles für diesen Sport aufgaben.

Surfer versuchte, der Öffentlichkeit ein freundlicheres Bild zu vermitteln. Anständige Jugendliche in Levi's, T-Shirts und mexikanischen Sandalen oder in *Baggies* (buntbedruckte hawaiische Surfshorts), barfuß und mit gebleichten Haaren wurden dazu präsentiert. Surfen galt hier als guter, sauberer und gesunder Sport. Auch das *Life*-Magazin war von der Surfkultur sichtlich beeindruckt, denn es veröffentlichte mehrere Artikel zu diesem Thema. Darin wurden die Surfer als verschroben und besessen, aber vollkommen harmlos beschrieben.

Niemand konnte abstreiten, daß der Lebensstil der Surfer zu einem wichtigen Gesprächsthema geworden war. Er machte süchtig.

Und dann war da noch Mickey Dora, „die Katze". Er wurde von seinem Stiefvater, Gard Chapin, in die Eigenarten des Meeres eingeführt. Dora erwies sich als gelehriger Schüler, wenn auch insgesamt ein wenig zu ungestüm. Sein Plan, in San Onofre eine Brandbombe zu legen, war nur ein Beispiel für die teils haarsträubenden Ideen, hinter denen sich ein empfindsamer und äußerst intelligenter Mensch verbarg.

In seiner Zeit als Surf-Double in einigen Hollywood-Strandfilmen der frühen 60er Jahre war Dora dafür bekannt, daß er sich auch über die Grenzen seines eigenen Könnens hinaus wagte. „Er war als Stuntman für den Film *Ride the Wild Surf* angeheuert worden. Zwar war er kein Big-Wave-Surfer, aber der Job wurde gut bezahlt, und so sagte er, daß er es könne. An jenem Tag waren die Wellen in Waimea extrem hoch. Er hatte kein gutes Gefühl dabei ... vermutlich waren es die höchsten Wellen, auf denen er je gesurft war. Innerhalb eines einzigen Tages wechselte er von den anderthalb bis zwei Meter hohen Malibu-Wellen auf die sechs Meter hohen Brecher von Waimea. Aber obwohl er unsicher war, schaffte er es. Der Typ hatte echte Klasse. Ich kenne sonst niemanden, der in der Lage gewesen wäre, sich so schnell umzustellen." [aus: Greg Noll/Andrea Gabbard, *Da Bull: Life Over the Edge*]

Obwohl er Anregungen aus der kreativen und pragmatischen Art von Kivlin und Chapin bezog, betrachtete Dora das „neue" Surfen als etwas grundlegend anderes. Auch wenn er bei weitem nicht der einzige Malibu-Surfer war, der sich gegen die Flut von *gremmies, kooks* und

1957 nahm Bruce Brown mit finanzieller Unterstützung des steinreichen Dale Velzy, dem sogenannten größten Fabrikanten der Welt, einen Surffilm in Angriff, mit dem für die Surfer in Velzys Team geworben werden sollte. Es war eine typische Reise: Sie surften in Kalifornien, flogen nach Hawaii, fuhren in *goofy beaters* herum und übernachteten am Strand. Ganz nebenbei entstand der Film *Slippery When Wet*. Brown brachte das Werk 1958 in die vom Verleih angemieteten Kinos, zu einer Zeit, als das Wort „Schaumstoff" soeben für die Surfszene an Bedeutung gewann.

Die Filme und Zeitschriften hielten die Surf-Subkultur während der 60er Jahre lebendig. Es war ziemlich einfach, Zuschauer und Leser zu finden, wenn man wußte, wo sie sich für gewöhnlich aufhielten.

OBEN: **Werbung direkt am Strand für den Film *Free and Easy* von MacGillivray und Freemans, 1968.**

RECHTS: **John Severson in seinem „Büro" bei der Arbeit für die erste Ausgabe von *Surfer*, 1959.**

VORHERIGE DOPPELSEITE: **Hier ist Mickey Dora in einem seiner letzten Wettkämpfe zu sehen. Er widersetzte sich der Kommerzialisierung Malibus, einst sein idyllisches Revier und zeigte seinen lässigen Stil, der ihn zu einer Ikone seiner Generation gemacht hatte.**

Während der Dreharbeiten auf Hawaii traf Brown einen anderen jungen Surfer, einen Kameramann namens John Severson, der hier seinen ersten Streifen, *Surf Fever*, drehte. Der Film kam 1960 in die Kinos. Im gleichen Jahr brachte Bob Bagley einen Film unter dem Titel *Sacrifice Surf* heraus, und ein Mann namens Bob Evans tourte unterdessen mit einer Reisebeschreibung, betitelt *Surf Trek to Hawaii*, durch Australien. Der Star in Evans' Film war Bernard „Midget" Farrelly, ein vielversprechender junger Australier, dessen Stil an Phil Edwards erinnerte. 1961 brachte Columbia *Gidget Goes Hawaiian* heraus, woraufhin Evans bezeichnenderweise mit *Midget Goes Hawaiian* konterte.

In den 50er Jahren war das Zeitalter der einäugigen Spiegelreflexkameras noch nicht angebrochen. Daher zeigten die meisten Seiten des wenig professionell gestalteten „ersten Jahrbuchs für Surffotos", das John Severson als Begleitband zu seinem Film *Surf Fever* veröffentlichte, zum größten Teil Standfotos aus seinem Film. Andere der Fotos waren von Severson oder seiner Frau Louise am Drehort aufgenommen worden. Das Büchlein trug den Titel *The Surfer* und war ein bescheidener, aber dennoch aufsehenerregender Erfolg, so daß Sever-

Surffilme zwischen '62 und '65

1962 war das Jahr der Surffilme. Kinos und Hallen in Kalifornien, Hawaii und inzwischen auch der Ostküste schienen fast zu bersten unter dem großen Andrang rüpeliger, junger Surfanhänger, die mit Kronenkorken und Beschimpfungen um sich warfen. 1962 erschienen Bud Brownes *Cavalcade of Surf*, Seversons *Going My Wave*, Walt Phillips *Psyche Out*, Bruce Browns *Surfing Hollow Days*, Clarence Makis *Surfing in Hawaii* und Bob Evans *Surfing the Southern Cross.* 1963 erschien ein weiterer Brown (Don) auf der Bildfläche mit *Have Board, Will Travel,* der am Nordstrand von Oahu lebende Val Valentine zeigte *Northside Story in the Islands*, und Grant Rohloff brachte seinen *North Swell* in die Kinos. Jim Freeman wurde 1964 bekannt durch *Let There Be Surf* und den 3-D-Film *Outside the Third Dimension.* 1965 kam sein späterer Partner Greg MacGillivray mit dem gelungenen Steifen *A Cool Wave of Color* auf den Markt.

Surfer war das erste Magazin, dem Hunderte andere folgten, wie _International Surfing_ (jetzt _Surfing_) und das australische Sensationsblatt _Tracks._ Das Aufkommen der Surfmagazine schuf nicht nur einen neuen Wirtschaftszweig, es weckte auch großes Interesse an diesem Sport und festigte diese Subkultur.

VORHERIGE DOPPELSEITE: **John Severson war der Vater der populären Surfkultur. Mit seinem Magazin _Surfer_ erschloß er eine gewinnbringende Marktnische. Sevo in Trestles; hinter ihm das Cotton-Anwesen (dem späteren Western White House). Corky Carroll macht Werbung für Keds (links) und Modefotos mit den Calhouns auf Skateboards (rechts).**

son beschloß, der Markt sei reif für eine vierteljährlich erscheinende Zeitschrift. *The Surfer Quarterly* war der Vorläufer aller Surfmagazine. Sie definierte nicht nur einen ganzen Industriezweig, sondern wurde zum Maßstab für die Sportart selbst. Zwischen 1960 und 1970 stieg die Auflage von 5000 auf etwa 100.000 Exemplare pro Heft.

1963 erschien *International Surfing.* Zuerst war es nur eine unbedeutende Beilage von *Surfer,* aber nach hartem Kampf um eine eigene Identität erlangte das Magazin Mitte der 70er Jahre unter dem Titel *Surfing* schließlich eine ebenbürtige Position. Seit 1980 sind beide Publikationen marktführend. Die anderen Surfzeitschriften folgten größtenteils demselben Kurs, bis der australische Surfer John Witzig die Szene betrat. Sein Magazin *Surf International* war eine der kunstvollsten und innovativsten Publikationen, die je auf dem Markt erschienen. 1970 kam *Tracks* hinzu, das alle Grenzen überschritt und absolutes Neuland erschloß: ein unverblümt offenes „Surf-Sensationsblatt“.

Diese sowie ein Dutzend weitere Magazine und unabhängig davon gedrehte Filme erweiterten den Horizont der bis dahin bodenständigen Surfkultur. Sie vermittelten ein anderes, weniger konventionelles Bild des kulturellen Umfelds, was sich erheblich auf die Entwicklung

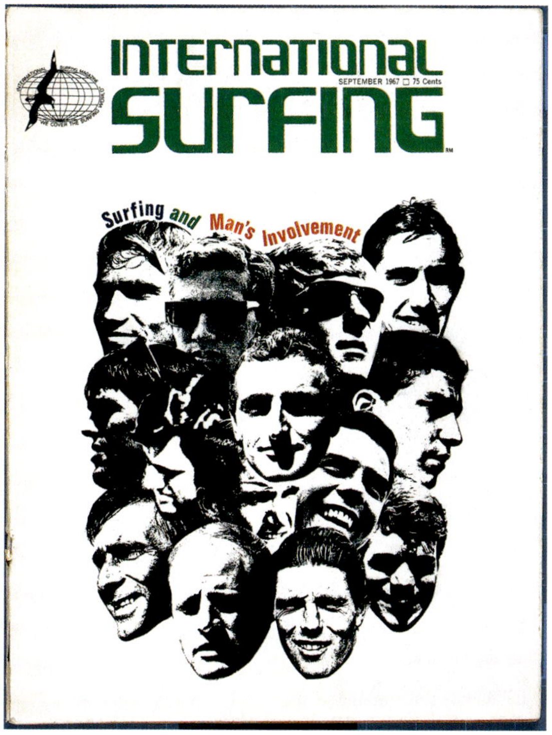

Die verbindende Funktion der Surfmagazine

Die Surfmagazine und -filme der frühen 60er Jahre förderten die Entwicklung dieses Sports gewaltig. Sportler in Australien, San Diego oder Cape Hatteras erfuhren sofort, was in Hawaii oder Malibu passierte. Sie konnten verfolgen, welche Art von Boards oder welche Manöver angesagt waren, welche Unterschiede es gab, wer ein heißer Favorit war und warum, und vor allem, was *möglich* war! *Surfer* kürte durch Leserbefragung den besten Surfer und die beste Surferin des Jahres (Phil Edwards wurde als erstem diese Ehre zuteil) und *International Surfing* antwortete mit der „Surfing Hall of Fame".

des Sports auswirkte. Plötzlich existierte ein Markt für Surffotos, so daß sich innerhalb relativ kurzer Zeit Dutzende guter Fotografen auf den Stränden einfanden.

Als der Kneeboarder und Fotograf George Greenough aus Santa Barbara 1967 ein wasserfestes Gehäuse aus Glasfaserstoff und Plexiglas für seine Kamera baute, erlebte die Surffotografie einen Umschwung. Greenough nahm seinen Apparat mit unter einen Wellenkamm, um eine Nahaufnahme des Australiers Russell Hughes zu machen. Bald begaben sich immer mehr Fotografen hinaus aufs Wasser. Die Stars auf den Surfboards versuchten die waghalsigsten Figuren. Sie wollten unter allen Umständen in die Magazine oder zum Film.

DIE WERBUNG SPRINGT AUF DIE WELLE

Es dauerte nicht lange, bis die Werbebranche in die Entwicklung einstieg. Die Surfindustrie war im Wachstum begriffen, die Boardherstellung wurde zunehmend komplizierter, und der Absatz stieg, so daß sich ein Bedarf an effizienteren Produktionsstätten abzeichnete. Innerhalb kurzer Zeit breiteten sich Surfboard-Fabriken in alten Gebäuden und Industrieparks aus. Nachdem jedoch die neuen Firmen gegründet waren und die Geschäfte liefen, galt es für jede von ihnen, sich ihren Marktanteil zu sichern. Als Lösung bot sich die Werbeindustrie an, die gleichzeitig den neuen Beruf des „professionellen Surfers" erschuf.

Der große, erfolgreiche Sportbekleidungshersteller *Jantzen* erkannte als erster das Potential des Surfmarktes. 1963 buchte die Firma erstmals die ganze Rückseite des *Surfer*-Magazins als Werbefläche und blieb dort mehrere Jahre lang fest etabliert. Seltsamerweise verpflichtete das Unternehmen anfänglich Pat Curren als Werbeträger, einen Big-Wave-Surfer, der nahezu ein Einsiedler war. *Jantzen* unterhielt für seine Anzeigen, die Shorts, Jacken und

Phil Edwards: Der erste Profi

Einer der ersten „professionellen“ Surfer war Phil Edwards. Alle waren sich einig, daß Phil der beste Surfer der Welt war, als Hobie 1963 die ersten handsignierten Boards vorstellte. Und das zahlte sich mit 23 Dollar pro Board aus.
Edwards war der beste Stilist unter den kalifornischen Extremsurfern. Tausende sahen ihm in Bruce Browns *Surfing Hollow Days* zu und versuchten seine elegante, aber kraftvolle Rückhanddrehung mit gebeugtem Knie oder die enge Parallelstellung der Füße im glatten Schlund eines Wellentunnels nachzuahmen.

Er wurde unsterblich, indem er als erster auf einer Welle der berüchtigten Banzai Pipeline an der North Shore ritt. Die Bilder im *Surfer* dokumentierten für die ganze Welt, daß die Pipeline „bezwungen“ worden war. Fünf Jahre früher, als zum ersten Mal in Waimea gesurft wurde, war an eine solche Meldung noch gar nicht zu denken. Doch die Existenz der Magazine hatte alles verändert. Sie machten die Helden, verbreiteten die Geschichten in alle Welt und entfachten die Begeisterung für das Surfen.

Wie in Waimea auch, kam der Tag, an dem das Unmögliche möglich wurde. Es war nur gerecht, daß es Phil Edwards, dem zu dieser Zeit anerkanntermaßen besten Surfer der Welt, vorbehalten war, als Erster die Banzai Pipeline zu surfen.

Die Werbung beschäftigte sich mit dem Sport zunächst in ganz allgemeinen Anzeigen (wie in der 7-Up-Anzeige) und wurde dann immer spezifischer (wie in der Hang-Ten-Anzeige mit dem Team Harold Iggy, Butch Van Artsdalen, Joey Cabell, Mickey Muñoz und Donald Takayama). Schließlich entstand das Bild des professionellen Surfers, verkörpert von Larry Bertlemann Anfang der 70er Jahre (der Herr vor dem Rolls). Andere Firmen wie der Wetsuit-Hersteller *O'Neill* aus Santa Cruz setzten Humor oder ulkige Gegenüberstellungen in ihren Anzeigen ein.

OBEN: **Das Team O'Neill in seinen offiziellen Anzügen im ländlichen Afrika, etwa 1975.**

Hemden bewarben, einen kleinen Pool von Surfstars. Unter anderen befanden sich darunter Ricky Grigg (2000 Dollar pro Jahr), Corky Carroll (erfolgreichster Wettkampfsurfer der 60er Jahre, 1500 Dollar im Jahr), Jerry West und sogar der *Surfer*-Herausgeber John Severson.

Mit dem expandierenden Surfmarkt wuchs auch der gesamte Industriezweig. 1962 gab es für die Sportart bereits eine Messe, die *Surf-O-Rama.* Sie fand im *Santa Monica Civic Auditorium* statt. Um Produktion und Rentabilität zu erhöhen, experimentierten die Surfboardhersteller mit neuen Produktionsverfahren. Unter Verwendung von Gußformen, Fräsmaschinen, Aufbringvorrichtungen für geschnittenes Textilglas und anderer Techniken hielten massenproduzierte Surfbretter *(pop-outs)* Einzug auf dem Markt. Obwohl kein echter Surfer so ein Brett je anfassen würde, ging man davon aus, daß Neulinge den Unterschied nicht bemerkten. Doch der Markt war anspruchsvoller als erwartet, und die Massenproduktionsbetriebe gingen rasch pleite. Dasselbe Schicksal ereilte jenen kühnen Erfinder, der ein „motorisiertes"

Surfboard entwickelte und anbot. Und dies war nur eine von zahlreichen Spielereien der 60er Jahre, die dazu verurteilt waren, auf dem Schrotthaufen zu landen.

MASSENANDRANG AN DER NORTH SHORE

Dank der Filme, Zeitschriften und Musik erfreute sich Surfen fast überall äußerster Beliebtheit. Hobie verkaufte an der Ostküste bald mehr Surfboards als irgendwo sonst, und junge Surfstars aus Florida – vielversprechende Talente wie Claude Codgen, Mike Tabeling und Gary Propper – betraten die Szene. Propper verdiente soviel Geld aus den Tantiemen seiner handsignierten Hobie-Boards, daß er der bestbezahlte Surfer der 60er Jahre wurde.

Während man früher die *haole*-Surfer auf Hawaii eher selten sah, beherrschten jetzt Sportler vom amerikanischen Festland, vor allem aus Kalifornien, die Strände in Makaha und an der North Shore von Oahu. Gelegentlich ergaben sich daraus häßliche rassistische Spannungen, so daß die Geschichten über Auseinandersetzungen und Schlägereien zwischen *haoles* und *mokes* (eine abwertende Bezeichnung für einheimische Hawaiianer) in die Überlieferungen aus den Anfangsjahren des Big-Wave-Surfens einflossen. Angesichts der Horden von halbnackten, mittellosen Surfern, die in schrottreifen Autos herumfuhren, oft zu zehnt in einer Hütte am Strand hausten und Kokosnüsse und Passionsfrüchte klauten, um zu überleben, verebbte die Toleranz der Einheimischen rasch.

Parallel dazu löste sich, als einmal die Hürden Pipeline und Waimea genommen waren, das Tabu um die North Shore auf. Mittlerweile wurden auch Surfboards auf der Insel hergestellt. So kam der Malibu-Surfer Dave Rochlen nach Honolulu und gründete mit seinem Partner Fred Schwartz die Firma *Surf Line Hawaii*. Es war das erste Geschäft auf den Inseln, das neben Reparaturdienst und Verleih diverse Surfboard-Marken vom Festland anbot und damit

eine breit angelegte Industrie auf Hawaii begründete. Schon kurze Zeit später eröffneten weitere Geschäfte überall auf der Insel. Somit kehrte die Herstellung der Sportgeräte, auf modernstem technischen Stand, dorthin zurück, wo alles begonnen hatte.

Mitte der 60er Jahre waren die großen Surfreviere auf Hawaii zunehmend überlaufen. Mit wachsender Präsenz von Filmemachern und Fotografen an den Stränden nahm die Zahl der Surfer auf der Jagd nach Ruhm und Erfolg beständig zu. Überall trafen sich Besucher mit vom Festland übergesiedelten Sportsfreunden (darunter Fred Van Dyke, Ricky Grigg, Peter Cole, Buzzy Trent) und mischten sich an den bedeutendsten Surfspots unter die gleichfalls immer größer werdende Gemeinde aus jungen einheimischen Surfern wie Barry Kanaiaupuni, Eddie und Clyde Aikau, Tiger Espere, Jock Sutherland und Joey Cabell. Es sprach sich bis zu den Medien herum, daß die North Shore „angesagt" sei.

SURFEN WIRD ZUM WETTKAMPFSPORT

Schon immer hat der Wettkampf in der Surfkultur eine wichtige Rolle gespielt. Zu Urzeiten waren auf Hawaii Hühner, Kanus, Frauen und sogar Menschenleben als Wetteinsatz erlaubt, wenn die Brandung anschwoll. Die in Waikiki wiederbelebten Surfwettbewerbe zu Beginn des 20. Jahrhunderts legten den Schwerpunkt auf das Paddeln, das sich zuweilen über zehn oder zwanzig Meilen Distanz erstreckte. Damals galt das Gleiten auf den Wellen eher als eine Aus-

Greg Noll (LINKS) **trieb die Entwicklung des Extremsurfens bis 1969 immer weiter, bis er schließlich in Makaha die größte Welle ritt, auf der jemals gesurft wurde.**

GANZ OBEN: **Jock Sutherland, hier an der Pipeline, kam mit allen Brettern zurecht.**

OBEN: **Gary Propper und Claude Codgen von der Ostküste gehörten bei den Wettkämpfen der 60er Jahren zu den erfolgreichsten Surfern.**

Der Surfer

Der Surfer ist ein ungewöhnliches amphibisches Wesen, ein Überbleibsel längst vergangener Zeiten, ein Botschafter der Vergangenheit und Zukunft zugleich. Er betreibt einen Sport, der vor langer Zeit auf den entlegenen Inseln mitten im Pazifik geboren wurde. Surfer lebten schon immer einen anderen Rhythmus als den der traditionellen europäischen Kultur.

Surfer leben mit dem Auf und Ab der Gezeiten und den Zyklen von Sturm und Wellen. Um wirklich gut zu werden (und dann erst macht Surfen so richtig Spaß), muß man sein Leben total darauf ausrichten; Man muß dort sein, wo die Wellen sind. Und wenn es dann soweit ist, und man es genießen will, muß man mit doppelter Aufmerksamkeit leben, um sich sofort auf die Situation einstellen zu können, wenn der Anruf kommt: „Hey, hier ist Ed, die Wellen sind perfekt, pack deine Sachen!“ Surfer sind einfach immer bereit.

Surfen bedeutet Reisen; und der Surfer ist ein Nomade. „The Beast“ bei Velzyland, 1962.

OBEN: David Nuuhiwa meditiert am Strand und bereitet sich auf seinen Auftritt bei den Weltmeisterschaften in San Diego, 1972, vor.

drucksform denn als meßbare Aktivität. In den 30er Jahren jedoch wurde das Wellenreiten bei den Meisterschaften zwischen den kalifornischen Surfklubs zur zentralen Wettkampfdisziplin. Angefangen bei Outrigger und Hui Nalu in Waikiki in den 20er Jahren über die Vereinigungen von Palos Verdes und Long Beach in den 30er bis 50er Jahren bis hin zu den Klubs von Windansea und Malibu in den 60er Jahren bildeten Surfklubs den Rahmen und schufen Anreize für Wettkämpfe.

Obwohl das nicht recht zu einer Subkultur passen wollte, entfaltete sich ein geregelter Wettkampfbetrieb, der auf der Rivalität zwischen amerikanischen und australischen Klubs gründete. Aus diesen Organisationen und ihren Wettkämpfen gingen die besten Surfer der 60er Jahre hervor: Mike Doyle, Midget Farrelly, Ricky Irons, Nat Young, Corky Carroll, Mark Martinson, Steve Bigler, David Nuuhiwa, Mike Purpus und unzählige andere berühmte Surfer.

Das erste Surfturnier, bei dem ein nennenswerter Geldpreis ausgesetzt war, das Tom Morey Invitational im kalifornischen Ventura, war am 4. Juli 1965. 25 Surfer kämpften auf der *nose,* der Brettspitze stehend, um 1500 Dollar. Die Regeln waren denkbar einfach: Gewinner war derjenige, der bei 14 Durchgängen insgesamt die längste Zeit auf dem vorderen Viertel des Surfboards stehen konnte. Mickey Muñoz gewann mit 0,7 Sekunden Vorsprung. (Die Wertung beruhte allerdings auf einem Fehler der Jury, denn eigentlich war Mike Hynson aus San Diego der Gewinner.) Das Ereignis erregte großes Aufsehen.

Der Morey-Wettbewerb belebte aber nicht nur das sogenannte Noseriding als Technik, er regte auch die Konstrukteure in einer Art an, wie sie der Sport seit Velzys Experimenten Ende der 50er Jahre nicht mehr erlebt hatte. Muñoz benutzte ein Hobie-Surfbrett, das von Phil Edwards geformt und mit einer erstklassigen Konkave unterhalb der Brettspitze versehen worden war. Der Erfolg dieses Boards löste eine Flut von Noserider-Modellen aus, die in den Folgejahren den Surfbrettmarkt auf dem Festland bestimmten. Geschäfte für Surfboards profitierten von der erhöhten Nachfrage nach „neuen“ und „anderen“ Modellen. Morey, der Initiator des Wettbewerbs, entwickelte später das Boogieboard, ein kurzes Brett, das im Liegen gefahren wird, aus weichem Schaumstoff mit eckiger Spitze, das eines Tages von Millionen Surfern auf der ganzen Welt benutzt werden sollte.

AUSTRALIEN UND DIE ERSTE WELTMEISTERSCHAFT

Als die Filmcrew von *The Endless Summer* mit dem Flugzeug aus Südafrika ankam, erfuhr sie erst vor Ort, daß es in Australien die besten Wellen im Winter gibt. Trotzdem verbrachte man einen Sommer mit kleinen Wellen und neuen Freunden. Darunter befand sich ein bemerkenswerter junger Mann namens Robert Young, der auf den Spitznamen „Mücke“ hörte. Young war ein aufgehender Stern am Surfhimmel der nördlich von Sydney gelegenen Strände und soeben Juniorenmeister des Landes geworden. Aufgrund seiner selbstsicheren Natürlich-

Surfen bedeutet Anmut unter absoluter Anspannung. Joey Cabell zeigte dies bei den Weltmeisterschaften in Peru, 1965, als er zum ersten Mal in einer Stierkampfarena stand und genau wußte, wie er dem Stier begegnen mußte – eben genauso wie ein Surfer den Wellen.

OBEN: **Pat Curren mit seinem Sohn Tom.**

Zehenspitzengefühl

Auf der äußersten Spitze des Boards zu stehen und die Zehen über die Spitze ragen zu lassen, ist eine der schwierigsten Übungen im Surfen. 1964 gehörte dieses eine Manöver, mit seinen ganzen Variationsmöglichkeiten, zu den beliebtesten Tricks nahezu jedes Surfers auf diesem Planeten. Noseriding war die Krönung, und am besten beherrschte es der dürre David Nuuhiwa aus Ala Moana.

Die kalifornische Surfszene erschauderte regelrecht, als er Anfang der 60er Jahre nach Kalifornien zog. Dieses Kind schien in der Lage zu sein, minutenlang am äußersten Ende des Boards zu stehen (genaugenommen waren es 10 bis 20 Sekunden), und die Spitzensurfer mußten einsehen, daß sie geschlagen waren. „David tauchte an der Küste auf und stand sofort im Rampenlicht", erinnert sich der Surfer Craig Stecyk. „Nuuhiwas sportliche Reife kennzeichnete den Beginn des anspruchsvollen Noseridings."

Noseriding verlangte außerordentliches Können, war für die Zuschauer leicht zu verstehen und wurde so zum Synonym schlechthin für Wellenreiten. „Du bist ein Surfer? Kannst Du denn auch alle zehn drüberhängen lassen?" Das Geheimnis war nämlich, alle zehn Zehen über den Rand zu schieben. Fünf war schon ganz gut, aber wenn der andere Fuß zu weit hinten stand, war es ein „gemogelter Fünfer."

David Nuuhiwa hatte das Noseriding nicht erfunden, auch hatte er es nicht am Festland eingeführt, die Surfer dort betrieben es schon seit Jahren. Aber David machte es zu einer Kunstform.

Vor den Weltmeisterschaften in San Diego (1966) galt das Noseriding jahrelang als die Königsdisziplin des Surfens. David Nuuhiwa (OBEN) **war deshalb der ungekrönte König dieses Sports.**

RECHTS: **Der erfolgreichste Wettkampfsurfer der 60er Jahre war Corky Carroll. Hier steht er auf einem von Hobies Noserider-Boards, dem Siegermodell des Tom Morey Invitational von 1965.**

keit und Ungezwungenheit sowie seiner Ausstrahlung vor der Kamera baute ihn Bruce Brown in seinen Film ein. Außerdem traf das Team einen alten Bekannten aus Hawaii wieder, Midget Farrelly, der zu dieser Zeit der berühmteste Surfer Australiens war. Der Filmemacher und Verleger Bob Evans, der Farrellys außerordentliches Können auf dem Surfbrett, seine jugendliche Unbekümmertheit und Umgänglichkeit rasch schätzen gelernt hatte, machte ihn zum Star in einigen seiner Filme und schrieb regelmäßig in Zeitschriftenartikeln über ihn. Als Nat Young Mitte der 60er Jahre Farrelly an der Spitze der wettkämpfenden Surfergemeinde ablöste, bekam die Freundschaft der beiden einen Riß, den sie nie wieder kitten konnten. Dennoch waren ihre Gemeinsamkeiten (beide hatten beispielsweise Phil Edwards zum Vorbild) zuweilen größer als ihre Differenzen.

Farrelly und Young waren aber bei weitem nicht die einzigen hervorragenden Surfer Australiens in den 60er Jahren. Evans wußte, daß Australien als rundum von Küste umgebenes Land ein Surferparadies war. Darüber hinaus hielt er die Aussis für gute Wassersportler. Da er selbst ein begeisterter Surfer war, kam er auf die Idee, die erste Surfweltmeisterschaft zu veranstalten. Sie fand 1964 in Manly nahe Sydney statt und lockte nicht nur die besten Surfer Hawaiis und Kaliforniens nach Australien, sondern auch Sportler aus Peru, Großbritannien und vielen anderen Ländern. Auf dem breiten Sandstrand und den Klippen von Manly wimmelte es nur so von Menschen; die Weltmeisterschaft wurde ein Riesenerfolg. Wenig überraschend wurde Farrelly so gut wie einstimmig zum Sieger des Wettbewerbs gewählt und somit erster Weltmeister in dieser sportlichen Disziplin.

Während die Amis mit dem Noseriding beschäftigt waren, widmeten sich die Australier dem „totalen Eintauchen“.

OBEN: **Midget Farrelly in „Quasimodo-Stellung“ vor Long Reef, 1961. Bob McTavish** (GANZ OBEN **vor Long Reef, 1967) veränderte den Sport zuerst mit seinen V-förmigen Unterwasserschiffen und dann mit kurzen Boards.**

Einige der besten amerikanischen Surfer blieben nach der Weltmeisterschaft noch eine Weile im Land. Unter ihnen befand sich auch Joey Cabell aus Hawaii, von dem viele meinten, daß er den Sieg ebenso verdient hätte. Cabell hatte eine Vorliebe für Geschwindigkeit, was ihm den Spitznamen „die Gazelle“ einbrachte. Auf seiner *Surfari* die Küste entlang bis Angourie und weiter zu anderen guten Surfrevieren konnte er sich von der Qualität der australischen Brandung überzeugen. Gleichzeitig öffnete sein Surfstil den Australiern die Augen dafür, was auf ihren Wellen alles möglich war. Nach Evans Veranstaltung machte der Surfsport in Australien in seiner Beliebtheit und Qualität einen riesigen Sprung nach vorne.

1966 prallten während der Surfweltmeisterschaft in San Diego erstmals Welten aufeinander. Hatten 1964 in Australien noch Farrelly und 1965 in Peru (bei der ersten „offiziellen“ Weltmeisterschaft) der Lokalmatador Felipe Pomar gewonnen, so schien nun Kalifornien an der Reihe zu sein. Man ging davon aus, daß David Nuuhiwa mit seinen berüchtigten Noserides von mehr als zehn Sekunden Länge den Sieg davontragen würde. Aber auch Nat Young kam nach Kalifornien und schlug die gesamte Konkurrenz mit einer kraftvollen Demonstration seines ungekünstelten Stils aus dem Feld. Youngs Sieg über Nuuhiwa, Corky Carroll, Jock Sutherland, Mike Hynson und den Rest der Stars, die auf den Spitzen ihrer Surfbretter die

Wellen entlangglitten, leitete für die Kalifornier eine Zeit der Verwirrung, des verletzten Nationalstolzes und einer allgemeinen Abwehrhaltung ein. Die heißblütigen „Künstler" versuchten herunterzuspielen, was die von dem Australier propagierte Philosophie des *total involvement* auslöste. Young und seine australischen Kameraden lehnten den kalifornischen Surfstil mit seinen übertriebenen Posen und verspielten Boarddesigns ab. Sie vertraten eine neue, an George Greenough und Bob McTavish angelehnte Vision vom Surfen, die in ihrer Einfachheit revolutionär war.

PLASTIKMASCHINEN: DIE SHORTBOARD-REVOLUTION

Während die Amis noch mit der Schadensbegrenzung beschäftigt waren, kehrte Nat nach Australien zurück, wo sich einiges geändert hatte. Plötzlich war sein 9,4 Fuß langes Surfbrett genauso überholt wie die Noseriders, die er damit geschlagen hatte. „Kurz" war jetzt das Zauberwort. „Als [Nat] zurückkam, ließ er sich in der Stadt eine Weile als Weltmeister feiern", erinnerte sich Bob McTavish. „Aber als er in den Norden kam, stellte er schockiert fest, daß wir plötzlich Shortboards entwickelt hatten. Er versuchte so schnell wie möglich nachzuziehen, was ihm auch gelang, und nachdem er den Vorsprung aufgeholt hatte, übertraf er alle anderen australischen Surfer. Ende 1967 machte er eine verblüffend gute Figur."

Aber Nat Young verschwand aus dem Licht der Öffentlichkeit, um sich neuen kreativen Ideen zu widmen. Heraus kamen dabei kurze Bretter mit breitem Heck, V-förmiger Gleitfläche und langen, biegsamen Finnen im Greenough-Stil. Die Boards hatten zunächst eine Länge von knapp 8,6 Fuß, wurden aber immer kürzer. Als John Witzig das neueste Modell von McTavish begutachtete, bezeichnete er es spontan als „Plastikmaschine". Und bei dem Namen blieb es

OBEN: **Nat Young mit Siegerpokal, 1966.**
UNTEN: **Nat in der Honolua Bay, 1967.**

Nat Young und die „Involvement School"

„Ich traf Nat zum ersten Mal in Sydney", erinnert sich Bob McTavish. „Er lebte in Collaroy, und ich arbeitete 1962 für Scott Dillon. Nat war noch ein unerfahrener Junge, hochaufgeschossen und dünn, aber ein Riesentalent. Anfangs ahmte er den Stil von Midget nach, der wiederum Phil Edwards imitierte, aber ich zweifelte nicht daran, daß er diese Phase überwinden und seinen eigenen Stil entwickeln würde. Und dann würde er einfach unglaublich sein."

Durch Zufall traf McTavish Nat eines Tages auf dem Parkplatz von Narrabeen und erklärte ihm folgendes: „Wenn zwei Züge auf demselben Gleis fahren, können sie sich niemals überholen. Fahren sie jedoch auf verschiedenen Gleisen, kann jeder die Geschwindigkeit selbst bestimmen." Nat nahm sich den Rat zu Herzen und wandte sich ab vom Stil Edwards, Farrellys und auch McTavish' und fand seinen eigenen Weg. McTavish: „Er schloß sich 1965–1966 der Idee des *total involvement* an und machte sich frei ... und das noch auf langen Brettern!"

dann auch. Ein vielversprechendes junges Talent aus Victoria, Wayne Lynch, zeigte neue Figuren, die an der Wellenwand entlanggefahren werden können. Es war eine aufregende und explosive Zeit, in der alles möglich zu sein schien.

Zu diesem Zeitpunkt fuhr der kalifornische *Windansea Surf Club* nach Australien, um sich in einem Wettkampf für die Niederlage bei den Weltmeisterschaften zu revanchieren. Mit von der Partie war ein junger Mann namens Eric Blum, der das Ereignis auf Zelluloid bannen sollte. Er arbeitete als Produzent für *20th Century Fox* und hoffte, „einen wirklich professionellen Film über diesen Sport" machen zu können. Der Streifen *The Fantastic Plastic Machine* zeigte so gut wie nichts von den Surfern aus Windansea, sondern konzentrierte sich statt dessen auf Young, McTavish und Greenough. „Nat war der erste Surfer, den ich je traf, dessen Ideen seinen unglaublichen surferischen Fähigkeiten entsprachen", war Blums begeisterter Kommentar. Zwar kam der Film nicht in viele Kinos, aber er dokumentierte deutlich das neue Zeitalter des Shortboards. Es war nicht einfach nur eine veränderte Ausrüstung, es war ein Wandel in der Geisteshaltung.

Zwei der vier Innovatoren, die die Shortboard-Revolution vorangetrieben hatten: George Greenough, der kreative Theoretiker aus Kalifornien (OBEN) **und Bob McTavish** (GANZ OBEN)**, der Architekt und Testpilot der V-förmigen Unterwasserschiffe und der ersten kurzen Boards. Die beiden anderen „Revolutionäre" waren Wayne Lynch aus Victoria und Nat Young.**

Ende der 60er Jahre nahmen Nat Young, Wayne Lynch und ein weiteres australisches Surf-As namens Ted Spencer zusammen mit John Witzig und dessen Bruder Paul an einer Filmtour zu einigen der besten Surfreviere der Welt teil. In der Honolua Bay stießen sie auf die perfekten Wellen. Auf den dort entstandenen Fotos zeigen Nat und McTavish einen ganz neuen Surfstil, und als die Bilder in *Surfer* abgedruckt wurden, machten sie das Shortboard endgültig populär. In der Schlußsequenz des Films *The Hot Generation* gleiten die Australier auf ihren Boards mit V-förmigem Unterwasserschiff über die Wellen von Honolua Bay. Die Aufnahmen galten in amerikanischen und australischen Kinos als unglaubliche Sensation.

Die Surfindustrie erhielt nun die Quittung dafür, daß sie sich anfänglich gegen die neue Entwicklung gesträubt hatte. Denn immer klarer zeichnete sich ab, daß praktisch alle Surfer der Welt plötzlich ein neues Brett haben wollten. Die Fabrikanten stellten also auf die Produktion von Shortboards um. Aber die Branche hatte sich verändert; es hatte ein deutlicher Demokratisierungsprozeß stattgefunden, und im Gegensatz zur Surfindustrie Anfang der 60er Jahre war der Markt nicht mehr von einem knappen Dutzend Hersteller zu kontrollieren.

„Die sogenannten Underground-Gurus im Surfbrettbau sind in Wirklichkeit ehemalige Angestellte der großen Surfboardfirmen, die sich selbständig gemacht haben", erklärte Dick Brewer in einem Interview im Winter 1970/71. „Heute gibt es tausend Surfboardshops, anstatt hundert wie früher. Zwar geht es der Surfboardindustrie besser denn je, nur liegt das Geschäft nicht mehr in den Händen von einigen wenigen."

The Endless Summer

1963 war der Filmemacher Bruce Brown auf Hawaii und produzierte gerade einen neuen Film.

Brown hatte 1950 in der Gegend um Huntington Pier und Seal Beach mit dem Surfen begonnen. Nach der Schule absolvierte er die U-Boot-Ausbildung in Connecticut: „Ich hatte im *Reader's Digest* gelesen, daß man seinen Stützpunkt frei wählen konnte, wenn man zu den besten zehn Prozent seiner Klasse gehörte. Der beste konnte sich sogar das U-Boot aussuchen.“ Brown wurde Jahrgangsbester, entschied sich für Pearl Harbor und wählte dann eine Aufgabe, die es ihm ermöglichte, auf der Insel zu bleiben, damit er surfen konnte.

The Endless Summer war eine einfache Geschichte und sprach deshalb viele an: Zwei Surfer, Mike Hynson und Robert August, reisen um die ganze Welt, stets dem Sommer und der Brandung hinterher. Brown und sein Team filmten im Senegal, in Ghana, Nigeria, Südafrika, Australien, Neuseeland, Tahiti, Hawaii und Kalifornien. Es lief nicht immer alles wie geplant, aber Brown nutzte die Gelegenheiten, wie sie kamen. Es passierte immer irgendetwas Aufregendes, auch wenn sie kein Glück mit der Brandung hatten. Es schien einfach alles perfekt, besonders die Wellen, auf die sie bei Cape St. Francis, Südafrika, stießen. Als der Film fertig war, wußte er, daß er etwas wirklich Gutes im Kasten hatte.

Als Brown 1964 mit diesem Film auf Tournee ging, hatte er einen neuen Mitarbeiter. Paul Allen, ein Surfer, war eines Tages in sein Büro gekommen und bot ihm seine Unterstützung bei der Vermarktung des Films an. Er wollte kein Geld, sondern nur einen Gewinnanteil. „So ein Angebot kann man ja kaum ausschlagen. Und er war mir wirklich eine große Hilfe“, erinnert sich Brown.

Allen organisierte die Aufführungen und koordinierte die Werbung. *The Endless Summer* lief so erfolgreich, daß Brown und Allen beschlossen, einen nationalen Verleih zu suchen. Brown selbst hatte den Text eingesprochen, und der Film war mit einem gelungenen Soundtrack von den *Sandals* unterlegt. Trotzdem konnten sie keinen Verleiher überzeugen. Sie hofften, daß ein Erfolg abseits der Küsten die Verleiher überzeugen würde, also buchten sie Kinos in Wichita, Kansas und auch in New

York. Wieder erzielten sie Riesenerfolge, und endlich fand sich ein Verleiher, der den Film, so wie er war, vertreiben wollte. Die Filmkritiker überschlugen sich, der Rest ist Geschichte.

Als der Film 1966 schließlich landesweit anlief und von Publikum und Kritikern gleichermaßen enthusiastisch aufgenommen wurde, war die Reaktion ähnlich, wie die der Leute an den Stränden im Senegal und in Ghana – totale Begeisterung. Brown selbst war überwältigt: Seine Investition von 50.000 Dollar hatte ihm Millionen eingebracht.

Worin bestand die besondere Anziehungskraft dieses Films? „Ich habe keine Ahnung“, gibt Brown zu. „Ich habe so viele Menschen, insbesondere an der Ostküste, getroffen, die den Film gesehen haben und sagten, er habe sie bewegt. Viele von ihnen surften nicht einmal und fingen auch niemals damit an. Es wird mir ein ewiges Rätsel bleiben.“

In Afrika: Robert August, Terrence, Mike Hynson, Jack Wilson Bruce und Max Wetland in der Nähe von Cape St. Francis. Der ehemalige künstlerische Leiter des *Surfer*-Magazins, John Van Hammersveld, entwarf das Poster zu *The Endless Summer.*

Aloha Duke

1967 starb Duke Kahanamoku, der Olympiasieger, Sheriff von Honolulu und die Verkörperung des Aloha-Gefühls. „Das große Herz, das ihn zu olympischen Ehren und an die Spitze der Surfwelt getrieben hatte, schlug nicht mehr. Duke war im Waikiki Yacht Club zusammengebrochen", schrieb John Severson. Mit 74, erinnert sich Severson, hatte Duke gesagt, daß er niemals mit dem Surfen aufhören würde. „Ich werde die richtige Welle finden und immer weiter reiten." Der Mann, der die langen Boards eingeführt hatte, verließ diese Welt zu einem Zeitpunkt, an dem die Shortboards im Kommen waren.

OBEN: **Duke Kahanamoku brachte zu den Weltmeisterschaften in San Diego von 1966 Wasser aus Waikiki mit. Hier weiht er den Wettkampf mit einer symbolischen Vermischung der Meere. Das Shortboard kam, als Duke ging; er starb 1967.**

RECHTS: **Nat Young bei den Dreharbeiten zu *The Fantastic Plastic Machine*, 1967.**

Dick Brewer und die Pocket Rockets

Zur selben Zeit, als George Greenough und Bob McTavish in Australien mit neuen Designs experimentierten, machte sich auf Maui Dick Brewer über einen neuen Typ Surfboard Gedanken. Brewer war der Prototyp des alternativen Surfbrettbauers. Er wurde von einer kleinen Gruppe junger Spitzensurfer geradezu wie ein Guru verehrt. Der frühere Luft- und Raumfahrttechniker aus Kalifornien wechselte Anfang der 60er Jahre sein Betätigungsfeld und entwarf Surfboards für *Bing Surfboards* in South Bay. Dort machte er sich einen guten Namen als Handwerker. Brewer übersiedelte schließlich nach Hawaii. In seiner Vision ergänzten sich Herstellung der Boards, Yoga und bewußtseinserweiternde Drogen. Eine ähnliche Entwicklung war auch in Byron Bay, Australien zu beobachten.

Allerdings waren dort, wo Brewer arbeitete, die Wellen vollkommen anders. 1967 kreierte er das Mini-Gun-Surfboard, das mehr oder weniger das Gegenteil zu den McTavish-Designs darstellte. Auch seine Modelle waren kurz und leicht. Brewers Boards hatten jedoch die Form einer Träne, sie waren vorne eher breit und verjüngten sich nach hinten zu. Diese „Pocket Rockets" waren einfach perfekt für den Ritt auf den schnellen, kräftigen und sich hohl überschlagenden Wellen Hawaiis.

Vom Luftfahrttechniker zum Guru des Surfboardbaus. Dick Brewer versammelte die Surferelite um sich, baute für sie die kleinen Mini-Gun-Boards und unterzog die Shortboard-Revolution einer Neuinterpretation, indem er die besonderen Wellenbedingungen auf Hawaii berücksichtigte. Der Verfechter bewußtseinserweiternder Drogen und der Zen-Philosophie genoß auch wegen der hervorragenden Boards für große Wellen, die er im Lauf der Jahre baute, großes Ansehen.

JETZT WIRD'S MYSTISCH

1968 erlebte der Surfsport den größten kulturellen und konzeptionellen Wandel seiner Geschichte, als praktisch alle geschlossen ihre 9 bis 10 Fuß langen Surfbretter auf den Müll warfen und sich den Shortboards zuwandten. Surfbretter schrumpften innerhalb nur eines Jahres von durchschnittlich 9,6 Fuß Länge zuerst auf 8,6 Fuß, dann auf 7 Fuß und darunter. Das Longboard verkam zum Dinosaurier. Das von der Surfboardindustrie sorgfältig gepflegte Image aus Gesundheit und Sauberkeit, bröckelte angesichts langhaariger Gestalten, die Perlenketten trugen und Joints rauchten. Psychedelische Bilder beeinflußten die Werbeannoncen in den Zeitschriften, und der latent pantheistische Ursprung des Surfsports kam in Werbeslogans zum Ausdruck wie: „Es gibt einen Gott, der unsere Ziele verwirklichen hilft, auch wenn wir sie selbst noch nicht genau kennen ..." [*Rick Surfboards*], „Karma: der von innen bestimmte Lebensweg" [*Bing Surfboards*] oder „Vom winzigen Keim bis zur reifen Frucht – *Jacobs Surfboards* sind inspiriert von der Schönheit der Natur".

Das Eis war gebrochen, jetzt sprachen Surfer in neuer Offenheit miteinander, sogar über Anzeigentexte. „Ich habe mich *Weber* angeschlossen, um meinen Gedanken und meinen Erfahrungen eine Richtung zu geben", schrieb Nat Young 1968 in einer Werbeanzeige für *Dewey Weber Surfboards*. „Manche haben ihre Musik, wie Mike Bloomfield, John Mayall oder Eric Clapton. Was sie mit ihrer Musik rüberbringen, ist echte Aufrichtigkeit. Ich kann dir dasselbe nur durch Surfen und meine Verständigung mit dir geben."

Eine Tür war aufgestoßen und frischer Wind wehte herein. Draußen auf dem Wasser fanden Gespräche und Diskussionen statt. Surfer feuerten sich gegenseitig an, johlten bei einem

George Greenough und die Revolution des Shortboards

Nach den Weltmeisterschaften von 1966 beeinflußte wieder ein Kalifornier den Surfsport in Australien. George Greenough hatte seinen ganz eigenen Stil. Er surfte auf dem Bauch oder den Knien auf Luftmatratzen oder kurzen, drei Kilogramm schweren Fiberglas-Kneeboards (liebevoll Velos genannt). Diese hatten flexible Hecks und lange spitzzulaufende Finnen, die den Flossen des Thunfisches nachempfunden waren. Unter den kalifornischen Surfern war er bereits zur Legende geworden. Er war bekannt dafür, mit einem ausrangierten Polizeiwagen an der Küste entlangzurasen, immer auf der Suche nach einsamen Surfrevieren. Eigentlich ein Einzelgänger, wurde George erstaunlich eloquent, wenn es darum ging, seine Ideen, Erfahrungen oder Theorien zu diskutieren. In den Jahren 1966/67 trieb Greenough die Entwicklung des Shortboards entscheidend voran.

Greenough bereiste jeweils die Erdhalbkugel, auf der je nach Jahreszeit die besseren Surfbedingungen herrschten. Bob McTavish war von Greenoughs Finnen äußerst beeindruckt und übernahm einige seiner besten Ideen. Als der australische Meister Nat Young McTavish besuchte, um sich auf die Weltmeisterschaft 1966 vorzubereiten, traf er Greenough.

Später baute McTavish die Ideen von Greenough in sein neues Board *Sam* ein. Mit diesem ungewöhnlich schmalen, etwa 2,80 m langen Board, das von Gordon Woods hergestellt wurde, gewann Young den Weltmeistertitel von 1966. Youngs Sieg führte zu einem grundlegenden Kurswechsel. 1967 kürzten McTavish und seine Testpiloten das Board um weitere 30 Zentimeter und entwickelten das V-förmige Unterwasserschiff, das eine weltweite Shortboard-Revolution entfachte.

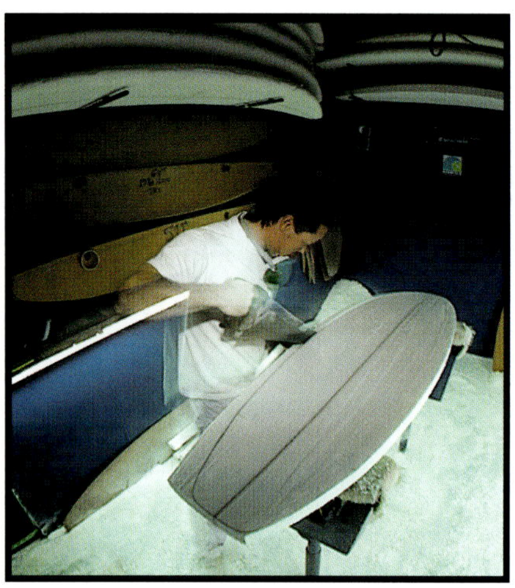

GANZ OBEN: **Der Kalifornier George Greenough baute „spoon"-Kneeboards mit flexiblen Hecks und Finnen, die wie die Flossen des Thunfisches aussahen. Diese Boards zogen die Aufmerksamkeit der wichtigsten australischen Surfer auf sich und ließen sie einen neuen Kurs einschlagen. Daraus resultierte Bill Barnfields Verwendung von Kunststoff** (OBEN)**. Er begann, Boards für die North-Shore-Surfer zu bauen.**

gelungenen Manöver des anderen, fachsimpelten über die Designs ihrer Boards und sprachen über mögliche neue Tricks. Das Monopol einer Handvoll von Surfboardherstellern wurde durch ein enges Netzwerk von Underground-*Shapern* verdrängt, die Surfbretter in Garagen und kleinen Werkstätten bauten. Die Zeiten der Massenproduktion und der *pop-outs* waren vorbei. Jetzt mußte jeder Hersteller, wenn er im Geschäft bleiben wollte, radikale und kreative Surfer für sein Team finden, um seine Marktanteile zu sichern. Das Zeitalter der handsignierten Modelle ging über in eine Ära der engen Seelenverwandtschaft. Man fuhr, was sich gut anfühlte, was zur eigenen Persönlichkeit paßte. Flower-power eroberte den Strand.

Ende der 60er, Anfang der 70er Jahre brach eine wahre Flut von geistreichen, hingebungsvollen und zum Teil gut produzierten Surffilmen auf das Publikum ein. Die Streifen lebten zumeist von ihren psychedelischen Soundtracks. Das wahrscheinlich beste Beispiel war der Film *Evolution* von Paul Witzig, in dem man die bewußtseinsverändernde Surfkunst des zu jener Zeit kreativsten Surfers, Wayne Lynch, bewundern durfte. Aber auch *The Cosmic Children* von Hal Jepson, *The Innermost Limits of Pure Fun* von Greenough, *Pacific Vibrations* von Severson, *The Natural Art* von Fred Windisch, *Seadreams* von Mastalka und French, *Waves of Change* und *Five Summer Stories* von MacGillivray und Freeman, *Morning of the Earth* von Alby Falzon sowie *Sea of Joy* von Witzig waren revolutionäre Klassiker. Harmonie mit der Natur, Surfen als Kunst und als eine Art brüderliches Stammesritual zogen sich wie ein roter Faden durch alle diese Filme. Wie in der Gesellschaft insgesamt herrschte auch im Surfsport großer Optimismus. Mit dem Shortboard, der Musik und der neu gewonnenen Energie veränderte sich alles; und nie wieder würde Surfen das werden, was es einmal gewesen war.

DER SURFSPORT GEHT IN DEN UNTERGRUND

Die Revolution war fast so schnell wieder vorbei, wie sie begonnen hatte. In den postpsychedelischen 70er Jahren stand die Surfbewegung zunehmend allein auf weiter Flur. Währenddessen formierten sich Gruppen mit speziellen finanziellen Interessen an dem Sport. Weil die Surfkultur ein gutes Geschäft versprach, hielt der ungezügelte Kapitalismus Einzug. Phil Dexter, Visionär und Präsident der Firma *Big Surf, Inc.*, die in Tempe, Arizona, als erste eine Maschine zur Erzeugung von künstlichen Wellen konstruierte, würde vielleicht sagen: „Wer braucht schon einen Ozean?"

1967 nahm Mickey Dora auf dem *Malibu Invitational Surf Classic* zum letzten Mal an einem Wettbewerb teil. Nachdem er elegant die dunkelgrüne Wand einer Welle entlanggeglitten war und an den Kampfrichtern vorbeikam, bückte er sich, ließ die schwarzen Shorts herunter und zeigte den versammelten Honoratioren und Zuschauern sein blankes Hinterteil. Dora verabscheute Wettkämpfe und die „faschistische" Kontrolle, die über Surfer, Strände und Wellen ausgeübt wurde. Kampfrichter bezeichnete er generell als „senile Surffreaks".

Bei der Weltmeisterschaft in Puerto Rico 1968 ignorierten die Kampfrichter die neue Ästhetik des freien und extremen Ausdrucks und beurteilten nach den klassischen Kriterien der alten Schule: Fred Hemmings Jr. aus Hawaii blieb insgesamt am längsten und in der schwierigsten Haltung auf den Wellen und brachte Midget Farrelly damit um den Titel. Die fehlende Anerkennung des neuen Surfstils in Puerto Rico rief unter den Surfern eine zunehmende Gleichgültigkeit gegenüber Wettkämpfen hervor.

Auch auf Hawaii herrschte nur geringes Interesse an internationalen Wettbewerben, die auf kleinen Wellen ausgetragen wurden. „Das ist eine Sache zwischen Australiern und Kaliforniern", war die vorherrschende Meinung zur Weltmeisterschaft von 1970, die an der Südspitze Australiens stattfand. Die besten hawaiischen Surfer träumten von neuentwickelten Surfboards, suchten neue Lebensformen und widmeten sich unter LSD-Einfluß diversen Feuerproben auf den großen Brechern.

Natürlich blieben nicht alle Surfer der Weltmeisterschaft fern. Als im Mai 1970 ein paar hundert Spitzensurfer in Torquay eintrafen, herrschte dort zwei Wochen lang der Ausnahmezustand. Es kam zu Razzien, Festnahmen, politischen Demonstrationen und Streiks, Konflikten und allgemeinen Wirren. Am schlimmsten jedoch war, daß es fast keine Wellen gab. Vergessen wir, daß alle amerikanischen Festlandteams bis auf eines sich weigerten, in der Eröffnungsparade mitzumarschieren. Unwichtig auch, daß David Nuuhiwa eingeschnappt nach Kalifornien zurückflog, weil er in einem der ersten Durchgänge ausschied. (Noch während er im Flugzeug saß, entschieden die Verantwortlichen, jedem eine zweite Chance zu einzuräumen.) Vergessen wir einfach, daß fast jeder die ganze Veranstaltung für einen schlechten Witz hielt. Dennoch geschah etwas Magisches.

Nach elf Stunden absoluter Flaute und noch immer ohne Weltmeister, willigte der Präsident des Internationalen Surfverbandes (ISF) Eduardo Arena schließlich ein, das Halbfinale

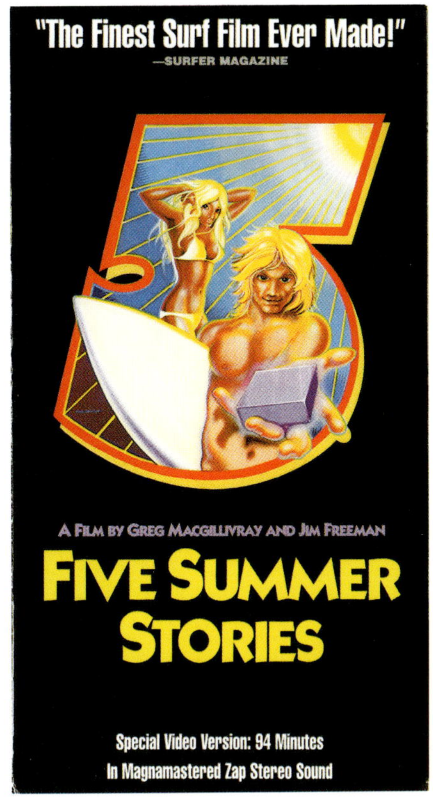

Mit dem Aufkommen des Shortboards begann eine Phase des Experimentierens. In den Vorgärten und Garagen in Kalifornien, Hawaii, der Ostküste und in Australien entstanden Einzelstücke, und die großen Firmen mußten plötzlich um ihren Marktanteil bangen. Einigen Herstellern wie Dewey Weber (LINKS) gelang die Umstellung, oft durch eine Zusammenarbeit mit zuverlässigen Surfsportlern. In Deweys Fall handelte es sich dabei um Nat Young und einen Surfer namens Mike Tabeling aus Florida.

COMFORTABLE · CAREFREE
COTTON
YOU CAN FEEL HOW GOOD IT LOOKS
Meditation brought us flowers on cotton corduroy on Corky Carroll.
Jantzen

Rick Griffin

Der kalifornische Künstler Rick Griffin begann seine Karriere mit Illustrationen in Greg Nolls *Surfer's Annual* und arbeitete dann für Seversons *Surfer.* Hier entwarf er den kleinen Surfgremmie *Murphy.* Bald gestaltete er spektakuläre, psychedelische Poster für *Grateful Dead, Jefferson Airplane, Big Brother and the Holding Company.* In den späten 60er Jahren surfte *Murphy* durch andere Zeiten und Dimensionen, auf dem Kopf trug er den Helm eines alten Hopi-Halbgottes, und sprach seine eigene Sprache. Severson sagte einmal: „Rick hat vielen Leuten, die bisher nicht viel vom Surfen hielten, ein gutes Bild der Surfer vermittelt.“ *Sports Illustrated* veranstaltete Mitte der 60er Jahre die Ausstellung „Sport und Kunst“ mit Arbeiten von Griffin, Severson und einiger anderer Künstler. 1991 verunglückte Rick tödlich mit seiner Harley. Kurz vor seinem eigenen Tod im Jahr 1995 sagte Jerry Garcia: „Rick versuchte, so wie wir anderen auch, die Welt zu verändern.“

Die Surfrevolution der 60er Jahre war so gewaltig, daß sie selbst Profisurfer Corky Carroll erreichte, so daß er für *Jantzen* Blümchenhosen und andere Klamotten anzog (GEGENÜBERLIEGENDE SEITE).
OBEN: Rick Griffin bei *Rights and Lefts* an der Hollister Ranch, in der Nähe von Point Conception.

Der Millionenerbe und Stiefsohn von Clark Gable, Bunker Spreckels (alias „The Player") an der North Shore von Hawaii. Er interpretierte die Revolution auf seine eigene Weise. Immer am Rande des Unmöglichen, ritt dieser 20jährige mit seinem ungewöhnlichen, winzigen, dicken Board tief im Inneren der schwersten Walzen. Er versetzte mit seinem Mut und seiner Furchtlosigkeit die Surfstars aus aller Welt in Erstaunen. 1977 starb Bunker, der ein sehr risikoreiches Leben geführt hatte (Mickey Dora, der Spreckels schon als Malibu-Gremmie kennengelernt hatte, nannte ihn „Genetic space child").

und das Finale nach Osten zu verlegen. Dort gab es einen abgelegenen *Secret Spot*, der den Wellen aus der Tasmanischen See ungehindert ausgesetzt war. Hier, in der Nähe der ländlichen Gemeinde Johanna, versammelten sich nun die weltbesten Surfer an einer beschaulichen Küste, um gegeneinander anzutreten. Neben den wenigen übriggebliebenen Teilnehmern fanden sich nur ein paar Freunde ein, einige Fachjournalisten, eine Handvoll Vertreter des ISF, fünf Kampfrichter, ein halbes Dutzend Bauernfamilien und einige grasende Jerseyrinder. In der tiefstehenden Nachmittagssonne bewies der Kalifornier Rolf Aurness auf knapp zwei Meter hohen Wellen, daß er mit seiner Behauptung, die Shortboards seien zu weit gegangen, recht gehabt hatte. Er ließ alle anderen nachdenklich zurück. „Nichts kann Rolfs Sieg schmälern", schrieb John Witzig. „Er war bei weitem der beständigste, aggressivste und beeindruckendste Surfer des ganzen Wettbewerbs."

Bei der Verleihungszeremonie im Lorne Hotel sagte Rolf nur „Das ist unfaßbar!". Dann ging er. Es war wie der Tag, an dem die Musik verstummte. Rolf zog mit seiner Trophäe ab und nahm nie wieder an einem Wettbewerb teil. Statt dessen arbeitete er fortan zurückgezogen als Musiker. Auch Wayne Lynch, Nat Young, Ted Spencer und andere Australier lehnten pompöse Pokale und die Egotrips solcher Wettbewerbe ab und zogen sich in die Abgeschiedenheit des Landlebens zurück. Auf Hawaii und in Kalifornien verhielt man sich ähnlich.

Das psychedelische Zeitalter erreichte in den 60er Jahren auch den Surfsport, und die Industrie ging seltsame Wege.

UNTEN LINKS: **Dale Velzy paßte sich an und begann, für andere Firmen zu arbeiten, als neue Hersteller auf den Markt drängten und sich eine Philosophie durchsetzte, die die Wünsche der Surfer in den Mittelpunkt stellte.**

Mit den Shortboards begann eine Phase des Experimentierens.

GEGENÜBERLIEGENDE SEITE: Der vollkommene Surfer Nat Young in absoluter Harmonie mit der Welle; Haleiwa, im Dezember 1968.

OBEN: Ein lässiger Owl Chapman auf der schnellsten Welle der Welt, Maalaea auf Maui, 1976. „Da bin ich ziemlich besoffen", lautete sein Kommentar zu diesem Foto.

LINKS: Der berühmte Powersurfer Barry Kanaiaupuni in der Honolua Bay, Maui, Januar 1972.

Western White House

Der junge Rolf Aurness (Sohn des Fernsehmanns James „Gunsmoke" Aurness) war in Kalifornien in seinem Element. 1969 dominierte er mit seiner lockeren und ungezwungenen Gelassenheit die AAAA-Tour und erstaunte seine eher verbissenen Konkurrenten. Zu dieser Zeit hatten nur er und sein Freund Corky Carroll eine Ausnahmegenehmigung zum Surfen am Cotton Point, wo die Familie Aurness lebte. Aus dem ehemaligen Cotton-Anwesen war das Western White House geworden, und wenn Richard Milhous Nixon in der Stadt war, wurde der Strand vor seiner Villa zum Sperrgebiet. Die Surfer übergaben dem Präsidenten eines der Surfboards von Hobie, aber niemand weiß, ob sie deshalb vertrieben wurden.

Einmal, als Surfer sich in perfekten drei Meter hohen Wellen bei Trestles (welches ohnehin Sperrgebiet war, erst recht, wenn Nixon in der Stadt war) tummelten, trieb ein Boot der Küstenwache die Surfer direkt in die Arme der am Strand wartenden Polizei. Der Führer der freien Welt und seine Sicherheitsbeamten interessierten sich allerdings herzlich wenig für die Angelegenheiten der Surfer. Zum Glück für Nixon war sein Nachbar mit einer riesigen Apparatur nicht darauf aus, das Domizil des Präsidenten unter Beschuß zu nehmen. Es war lediglich eine Kamera mit 1000-Millimeterlinse, und der Besitzer war auch bloß ein ungefährlicher Paparazzo, der Bilder für das *Life*-Magazin machte, in dem er selbst in den 60er Jahren schon porträtiert worden war. Dieser Nachbar war John Severson.

Surfen in Trestles bedeutete Festnahme und die Beschlagnahmung des Surfbretts.

Als Ende der 60er Jahre der Film *Pacific Vibrations* herauskam, kommentierte Regisseur John Severson: „Ein Beispiel für Menschen, die im Einklang mit der Natur leben. Der Film soll die Zuschauer an ihre eigenen Wurzeln erinnern. Ein Leben, das nicht ausschließlich materiell ist. Einfach nur Spaß haben. Der natürliche Weg. Ein Zeugnis von der Wahrheit."

Fast war es, als ginge Surfen in den Untergrund. Die Surf Music war tot, und die Musikszene der späten 60er Jahre wurde von Led Zeppelin, John Mayall und Jimi Hendrix beherrscht. Surfer wie Mike Hynson, David Nuuhiwa, Leslie Potts und Chris Green, die sich bekanntermaßen mit der „Bruderschaft" verbunden fühlten, waren Freunde und Inspirationsquellen für Hendrix. Dieser organisierte 1970 über Mundpropaganda ein Konzert am Hang des Haleakala-Kraters auf Maui. Es war der letzte Versuch, die „Rainbow Bridge" zu überqueren, bevor sich die einzige Tür zu den psychedelischen 60er Jahren für immer schließen würde. Eine Woche später war Hendrix tot. Alles was blieb, war der Film *Rainbow Bridge.*

Unterdessen schien auch die „Surfindustrie" zusammenzubrechen. Klubs und Organisationen verloren Mitglieder oder wurden aufgelöst, während sich der Sport, umgeben von Gerüchten über Umweltkatastrophen und dem Donnergrollen aus Vietnam, in verschiedene Enklaven zerstreute. Die Vergangenheit lag im Sterben, eine neue Zukunft brach an.

Die Finalläufe der Weltmeisterschaften von 1970 fanden in Victoria, Australien, an einem einsamen Strand der Tasmanischen See statt. Der Kalifornier Rolf Aurness gewann. Die Veranstaltung schien eher die intime und persönliche Seite des Surfens hervorzuheben als ihre kommerzielle.

GEGENÜBERLIEGENDE SEITE: **Der Weg nach Johanna.**

LINKS: **Von Walli Browns Weide aus konnte man die Meisterschaften verfolgen.**

OBEN: **Aurness in Malibu, Sommer 1969.**

Surfspots

Wenn alle Bedingungen erfüllt sind und eine gute Welle in einer erreichbaren und sicheren Umgebung läuft, dann ist dieser Platz ein Surfspot. Es gibt die berühmten „Klassiker“, die Pointbreaks, wie das kalifornische Malibu, die südafrikanische Jeffreys Bay und Byron Bay in Australien. Dann sind da noch die Strände mit den berüchtigten gewaltigen Brechern wie die Waimea Bay auf Hawaii, das kalifornische Mavericks in der Half Moon Bay, Baja vor der mexikanischen Todos-Santos-Insel und Mundaka in Spanien. Schließlich gibt es die eleganten, aber schwer zu reitenden Wellen, die sich über Riffen brechen wie bei Grajagan auf Java, Uluwatu auf Bali und die Banzai Pipeline an Oahus berühmter North Shore – Wellen, die so ideal geformt sind, daß es sehr malerisch wirkt, wenn sie sich brechen.

Der richtige Augenblick, die richtige Brandung, der richtige Wind aus der richtigen Richtung, und schon wird ein Spot für einen kurzen Moment perfekt.

Wenn man alle Spots der Welt auflisten würde, käme ein Verzeichnis heraus, das so dick wie das Telefonbuch einer mittelgroßen Stadt wäre. Und trotzdem würden noch viele Namen fehlen. Die Surfer nennen diese die „Secret Spots“.

Einer der idealen Surfspots der Welt ist die Honolua Bay an der nordwestlichen Spitze von Maui. Hier rollen die Wellen, angetrieben durch einen nordpazifischen Sturm, heran und brechen sich sanft entlang des Riffs.

OBEN: Surfer beobachten einen Tümmler, der ihnen einen kurzen Besuch abstattet.

ENTHUSIASTEN UND PROFIS

„Offenbar findet der Surfsport zunehmend bei Leuten Beachtung, die weniger mit der Welt des Surfens, als vielmehr mit der Geschäftswelt verbunden sind, wo die Werbung der Schlüssel für den Erfolg ist. Offen gestanden hätte ich nichts dagegen, 7000 Dollar für Platz acht in einem kommerziell organisierten, gut gesponserten Surfturnier zu kassieren. Das ist allemal besser, als irgendwo Gräben auszuheben oder Straßenverkäufer zu spielen." **Bill Hamilton, *Surfer*, 1971**

Als 1971 die Fangleine (auch Kook Cord oder Leash) eingeführt wurde, hatte das enorme Auswirkungen auf das Surfen. Obwohl überzeugte Enthusiasten das Leash zunächst pauschal ablehnten, weil sie als Puristen das Surfen so ursprünglich und schlicht wie möglich halten wollten, war die Aussicht, sein Surfboard bei einem *Wipeout*, einem unkontrollierten Sturz, nicht zu verlieren, letztendlich doch zu verlockend. Von Santa Cruz aus, wo die Fangleine aufkam, setzte sich die Idee durch, wenn auch zunächst nur zögerlich. Eine Fangleine am Brett hängen zu haben war einfach nicht „cool". Ganz zu schweigen von der Tatsache, daß das Brett zurückschnellen und einem die Zähne ausschlagen konnte. Echte Kerle fuhren ohne Leash.

Wenn aber ein angeleinter Surfer ins Meer fiel, schoß sein Sportgerät wenigstens nicht durch die Menge wie eine unkontrollierte Rakete. Somit steigerte das Leash deutlich die Sicherheit der Sportler und wurde schließlich von Surfern weltweit akzeptiert.

Nachdem sie sich an die Fangleine gewöhnt hatten, stiegen sie bei ihren Manövern zu neuen Höhenflügen auf. Endlich konnte man einen spektakulären Sprung wagen, ohne seinem Brett hinterherschwimmen zu müssen, wenn man ihn verpatzte. In Verbindung mit der wachsenden Beliebtheit des Neoprenanzugs gab das Surfern die Gelegenheit, ihre Technik gezielt zu verbessern. Die Leine trug wesentlich dazu bei, daß der *tube ride*, der Ritt in der Röhre einer Welle, in den 70er Jahren und auch danach in den Mittelpunkt des gezeigten Könnens rückte. Besondere Fähigkeiten beim Paddeln und Schwimmen waren nicht mehr gefragt. Die Technik zähmte den Sport der einstigen hawaiischen Könige.

DIE WELTWEITE SUCHE NACH PERFEKTION

Um eine gute Welle zu finden, muß man manchmal ziemlich weit reisen. Wer jedoch einen wirklich tollen, nicht mit anderen Surfern überfüllten Spot will, muß unter Umständen bis ans Ende der Welt fahren. Der Film *The Endless Summer* erzählt ausführlich von dieser Suche. Einige Surfer finden die perfekte Welle nie, viele immerhin ein- oder zweimal im Leben. Andere dagegen finden vor ihrer eigenen Haustür, was sie suchen.

Das Leash verband den Surfer fest mit seinem Brett und gab dem Sport ein ganz anderes Gesicht. Plötzlich konnte man die radikalsten Manöver versuchen, ohne nach einem Sturz seinem Brett bis zum Strand hinterherschwimmen zu müssen.

GEGENÜBERLIEGENDE SEITE: **Anspannung an der North Shore.**

OBEN: **Ja, *surfing again* – immer noch!**

Auf der Suche nach ein paar unbevölkerten Wellen in der Nähe nimmt ein Surfer (UNTEN) **den langen Weg entlang der Klippen zur Lanada Bay auf der südkalifornischen Halbinsel Palos Verdes in Kauf.**

RECHTS: **Surfer auf Reisen: Kevin Naughton und Tito Rosemberg in Südmarokko, Januar 1975.**

Die zunehmenden Abenteuerreisen der 50er Jahre, angefangen von Bob Simmons' Marathon-Forschungsreisen entlang der Küsten bis hin zu den Eroberungen der Strände von Makaha und der North Shore, waren der Beginn des Nomadendaseins. Auf der Jagd nach guten Wellen fuhr Bud Browne in den 50er Jahren sogar nach Australien. Ihm folgten Bruce Brown und seine Jungs, nachdem sie mit ihren Surfboards zuvor erstmals in die Wellen vor Westafrika gepaddelt waren. Einige Jahre später reiste der Engländer Rodney Sumpter an der Elfenbein-

küste und anderen westafrikanischen Küstenlandstrichen herum. Dann kam das Team von Kevin Naughton und Craig Peterson mit dem unbesiegbaren Brasilianer Tito Rosemberg. In den 60er Jahren sorgten zunächst Greg MacGillivray und Jim Freeman, als sie *Free and Easy* und *Waves of Change* drehten, dafür, daß Mark Martinson und Billy Hamilton ihre Pässe mit Ein- und Ausreisestempeln füllten. Dutzende von Filmemachern und Fotografen reisten mit ihren Surfstars um die Welt, immer auf der Suche nach der optimalen Welle, die den Absatz von Kinokarten und Zeitschriften ankurbeln würde.

Als die Strände dieser Welt nach und nach immer voller wurden, entwickelte sich die Surfari (Surfing Safari) – die Suche nach unentdeckten Wellen – zur Hauptsache eines jeden Surferdaseins. Die Surfmagazine begannen, einen zunehmenden Anteil ihrer Artikel den Abenteuerreisen zu widmen und tun dies auch heute noch. Von den humorvoll beschriebenen Reisen von Griffin und Stoner in den 60er Jahren, über die bahnbrechende Surfari des Fotojournalisten Bernie Baker durch Mittelamerika in den frühen 70er Jahren, bis hin zu den erfrischend lockeren Reiseerzählungen von Naughton und Peterson – es waren die Abenteuerhungrigen, die die Vorreiterrolle für den heutigen Jet-set der Surfwelt übernahmen. Ab und an jedoch brachte das Reisen auch andere, eher illegale Erscheinungen mit sich.

Das Boogieboard

Ein weiterer Meilenstein in den Annalen der Salzwasser-Demokratie ist das Boogieboard, das von dem Ingenieur Tom Morey erfunden wurde, der sich ganz der Entwicklung von Surfausrüstung verschrieben, Ventura verlassen hatte und auf Hawaii geblieben war. Morey sprühte nur so vor neuen Ideen. Er entwickelte Bretter mit Luftkammern, mehreren Rillen, bizarren Konturen und alle Arten seltsamer Finnen und Kielen. Er träumte von einem motorisierten Luftkissenbrett, das durch die Wellen kreuzte. Seine wilden Ideen und Illustrationen erschienen im *Surfer*. Nichts davon wurde verwirklicht, doch das sollte sich ändern.

Er lebte in Kona, seine Frau war schwanger, und es war heiß. „Ich hatte kein Geld, die Brandung direkt vor der Haustür war toll, und ich hatte noch etwas von diesem Polyethylen in der Garage. Es war übriggeblieben von den Brettern, die ich für den Bericht in *Surfer* gebaut hatte. Ich schnappte mir eine Zeitung, lieh mir einen Elektrohobel sowie ein Bügeleisen und schnitt ein kleines, knapp 4,5 Fuß langes Board aus. Dann bügelte ich den Kunststoff, um ihn zu versiegeln. Zwischen das Bügeleisen und das Material hatte ich die Zeitung gelegt, und die Druckerschwärze färbte auf das Board ab. Deshalb weiß ich auch genau das Datum.“ Es war der 7. Juli 1971.

Morey paddelte hinaus; inzwischen war die Brandung „ziemlich schlecht, aber ich konnte die Wellen spüren. Ich konnte genau die Strömung fühlen auf diesem finnenlosen Brett, das sich durchs Wasser schlängelte.“ Er nannte seine Erfindung liebevoll S.N.A.K.E für Seite, Nabel, Arm, Knie und Ellbogen, da er mit diesen Körperteilen die Schwingungen der Welle aufnahm. Später benannte er es in Boogieboard um. Es wurde begeistert aufgenommen, besonders von Kindern. Es war weich, leicht, klein und unzerbrechlich und ermöglichte so eine neue Art, mit den Wellen vertraut zu werden.

Das Boogieboard wurde zum „Volks-Surfbrett.“ Fast jedes Kind am Strand probierte es aus. Aber selbst heute noch, gut 25 Jahre später, sieht Morey die Entwicklung erst am Anfang. „Eines Tages wird jeder auf der Welt ein Boogieboard zu Hause haben. Sie sind für jeden erschwinglich, leicht zu transportieren, und man kann sie im Schwimmbad, in Flüssen, Seen und im Meer verwenden ...“

SURFKULTUR UND DROGEN

Schon sehr früh vermischte sich der Duft von Marihuana mit dem Rauch der Lagerfeuer an den Stränden. Drogen waren eine fast schon zwangsläufige Begleiterscheinung und entsprachen der freiheitlichen Mentalität am Strand. Darüber hinaus befand sich das Surfen auf kulturellem Grenzgebiet und stand mit den Beatniks, den Motorradgangs und anderen Randgruppen in enger Verbindung. Und das Niemandsland der Strände war ein geeigneter Ort, an den man seine Flasche, seinen Joint oder seine Nadel mitbringen konnte.

Südlich der Grenze hatte es immer schon billiges Marihuana gegeben. Doch mit dem Aufkommen der Hippiebewegung in den 60er Jahren und der Ära des spirituellen Surfens Anfang der 70er Jahre stieg die Nachfrage nach Drogen riesig. Und die Surfer mit ihrem nomadischen Lebensstil und ihrem unangepaßten Aussehen waren zur rechten Zeit am richtigen Platz.

Anfang der 60er Jahre gründete eine kalifornische Gruppe von Surfern, die sich selbst „The Brotherhood of Light“ nannte, eine der ersten Drogenorganisationen und versorgte die Surfergemeinde mit LSD, Marihuana, Haschisch und anderen Rauschmitteln. In Wahrheit war die Bruderschaft ein großes Netzwerk aus Investoren, Organisatoren, Schmugglern und Händlern.

Anfangs war das Boogieboard eher ein Spielzeug für Surfeinsteiger – eine Art Volks-Surfboard. Bald setzten es die Bodysurfer aber auch in hohen Wellen ein. Unter diesen Bedingungen zahlte sich das weiche Material und die Flexibilität des Boogieboards aus und machte das Reiten auf hohlen Wellen im seichten Wasser sicherer.

OBEN: **Einer der besten Boogieboarder, Mike Steward, in Backdoor Pipeline.**

Der Zauber Indonesiens

Mitte der 70er Jahre befand sich Bob Laverty gerade auf einem Flug von Jakarta nach Bali. Wegen schlechter Wetterbedingungen flogen sie einen kleinen Umweg, und er entdeckte 9000 Meter unter sich eine magisch geschwungene Riffkette bei dem abgelegenen Nationalpark Plengkung Forest Reserve. Daraufhin unternahm er zusammen mit Bill Boyum die erste bekannt gewordene Surf-Expedition an diesen Ort. Sie reisten auf kleinen Motorrädern, setzten mit der Fähre nach Java über und erreichten so Garjagan. Hier verluden sie ihre Maschinen auf zwei einfache Fischerboote, um zur Lagune des Parks zu gelangen. Dort angekommen, blieben sie hoffnungslos im Sand stecken und setzten ihre Expedition zu Fuß fort. Es war ein beschwerlicher Weg entlang der Küste durch den Regenwald. Schließlich brachen sie völlig erschöpft zusammen. Als sie wieder erwachten, bot sich ihnen ein spektakulärer Anblick. Direkt vor ihnen erstreckten sich über Hunderte von Metern perfekte Wellen von zwei bis drei Metern Höhe.

Der australische Extremsurfer Gary Elkerton kommt mit Volldampf aus einer Tube, G-Land.

1977 erklärte Timothy Leary (MITTE) Steve Pezman, dem Herausgeber von *Surfer:* „Ich möchte einen Film haben von einem Surfer, der permanent am Rand eines Wellentunnels surft. Diese Position ist für mich eine Metapher des Lebens, des bewußten Lebens. Der Tunnel ist die Vergangenheit, und ich bin ein Wanderer zwischen den Zeiten. Ich versuche genau den Punkt zu erwischen, an dem man in die Zukunft eintaucht, ohne die Verbindung mit der Vergangenheit zu verlieren... genau dort steckt die Energie... nirgendwo ist man verletzlicher, aber in diesem Moment hat man auch die absolute Kontrolle. Und die Vergangenheit... die Vergangenheit treibt einen vorwärts, oder etwa nicht?"

Aber diejenigen, die das größte Risiko trugen, waren herumreisende Surfer. Ein bekannter Big-Wave-Surfer der 60er Jahre erkannte, daß sich mit dem Schmuggeln von Drogen in kürzester Zeit viel Geld verdienen ließ. Für seinen ersten Auftrag flogen er und seine Freundin, als reiches amerikanisches Flitterwochenpaar getarnt, nach Deutschland, kauften dort einen neuen Mercedes und reisten mit dem Auto und per Schiff nach Afghanistan, wo sie sich im besten Hotel von Kabul einmieteten. Während sie essen gingen, wurde das Auto aus der Garage geholt. Man schnitt die seitlichen Bodenbleche auf und füllte die Karosserie mit Haschisch

und Haschischöl. Anschließend wurde das Auto wieder zusammengeschweißt, geschliffen, frisch lackiert und noch vor dem Morgengrauen wieder in die Hotelgarage zurückgebracht. Das Paar reiste ab und setzte seine Luxus-Hochzeitsreise bis nach Karachi fort. Dort verschifften sie den Mercedes nach Long Beach, Kalifornien, nahmen ein Taxi zum Flughafen und flogen erster Klasse wieder nach Hause.

Das war der einfache Teil, so der Surfer später. Danach mußte er warten, bis das Auto eintraf, durch den Zoll kam und abgeholt werden konnte. Diese Episode war der Beginn einer langen, vorsichtigen und überaus erfolgreichen Karriere als Drogenkurier.

In dem Buch *Mr Sunset* (1997) erzählt Phil Jarratt die Lebensgeschichte des professionellen Surfers und Drogenkuriers Jeff Hakman. Begonnen hatte alles, als Hakman Surfer im Team von *Plastic Fantastic*, der erfolgreichsten kalifornischen Surfboardmarke der Hippiezeit, war. Als er eines Tages entdeckte, daß andere Surfer des Teams Haschisch in ausgehöhlten Surfboards über die mexikanische Grenze schmuggelten, ließ er sich überreden, es auch zu versuchen. Zwar lief aufgrund eines Risses im Fiberglas Haschischöl aus einem der Boards, aber die Grenzposten bemerkten nichts, so daß sie die Grenze unbehelligt passieren konnten. Diesem gefährlichen ersten Versuch folgten einige knallharte illegale Drogengeschäfte, eine Verhaftung, ein Gefängnisaufenthalt und schließlich die Heroinabhängigkeit.

Mitte der 70er Jahre wurde der Boden auf Hawaii ziemlich heiß, wobei Hakman und Konsorten nicht die einzigen Surfer waren, die tief drinsteckten.

In den 70er und 80er Jahren brachte die Suche nach Secret Spots neue Impulse. Dean Pinsak und Bobby Owens (OBEN LINKS) **auf der Jagd nach Wellen in Marokko, 1984.**

OBEN RECHTS: **Rick Griffin half John Severson 1970 bei der Bemalung seines Transporters. Er zog in den Norden Kaliforniens und experimentierte mit neuen Kunstformen.**

OBEN: **In Mexiko fanden die kalifornischen Surfer herrliche Wellen und gute Drogen (eine WD-40-Dose mit doppeltem Boden diente als Versteck, etwa 1976).**

Nach einigen Jahren des Rückgangs kam Mitte der 70er Jahre wieder Schwung in die Wettkampfszene, als eine neue Generation von Surfern herangewachsen war. Die meisten Wettkämpfe fanden an Oahus North Shore statt.

OBEN: **Eine typische Aufstellung von Teilnehmern, 1975: Ian Cairns (Australien), Shaun Tomson (Südafrika), Mark Richards (Australien), Terry Fitzgerald (Australien), Jeff Hakman (Hawaii) und James „Booby" Jones (Hawaii). Diese Surfer verwendeten auf Hawaii längere und schmalere Bretter, weil die Wellen hier schneller und größer als woanders sind.**

VORHERIGE DOPPELSEITE: **Die Wellen, der Wind und die Gezeiten ergeben ständig wechselnde Bedingungen. Glen Campbell sucht in Neuseeland nach „grünen" Wellen.**

Aus Peru kamen mit Kokain vollgestopfte Bretter, die nach Kalifornien weitergeleitet wurden. Vietnam-Rückkehrer und Surfer „auf Urlaub" schmuggelten Haschisch aus Thailand ein. Für einige der Hauptakteure blieb das nicht ohne spürbare Wirkung. Der seinerzeit beste australische Surfer, Michael Peterson, kämpfte lange mit seiner starken Abhängigkeit, bis er sich schließlich in eine Anstalt zurückzog. Dasselbe Schicksal ereilte Ron Stoner, einen ausgezeichneten Fotografen, der für das Magazin *Surfer* arbeitete.

Der aus Long Island stammende Rick Rasmussen, einer der ersten Surfer auf Bali, wurde in Harlem auf offener Straße erschossen, als er versuchte, Stoff zu verhökern. Surfende Gelegenheitsdealer störten plötzlich Vertriebskanäle, von denen sie nicht einmal wußten, daß es sie gab. Eines Abends wurde ein *haole*-Surfer an der North Shore zusammengeschlagen, an einen Stuhl gefesselt und mit einer Waffe in Schach gehalten, während die Angreifer seine Freundin mehrfach vergewaltigten.

Weil es immer übler wurde und außerdem die Touristenmassen anschwollen, sahen sich einige Surfer nach anderen potentiellen Surfrevieren um, und sie fanden sie überall – in Südkalifornien, vor dem mexikanischen Festland, in der Karibik, vor Südafrika, Frankreich, Japan,

Bali, Marokko. Es stellte sich heraus, daß es auf der Welt sehr viel mehr Wellen gab, als die meisten erwartet hatten.

BIG-WAVER ERNEUERN DEN SPORT

Es gibt nirgendwo bessere und höhere Wellen (neben dem idealen Klima und den einmaligen Stränden) als auf Hawaii. Nachdem sich die Surfbewegung Anfang der 70er Jahre kurzzeitig zerstreut hatte, etablierte sie sich rasch wieder in ihrer Heimat Hawaii, vor allem an der North Shore von Oahu, wo der Küstenstreifen zwischen Laniakea und Sunset Beach oft als Sieben-Meilen-Wunder bezeichnet wird. Hawaii blieb das ultimative Experimentiergelände. Jeden Winter kamen Surfer aus der ganzen Welt hierher, und viele fuhren nicht mehr nach Hause zurück.

Anfang der 70er Jahre existierten an der North Shore einige kleine Geschäfte, darunter *Country Surfboards* in Haleiwa und später ein kleiner Laden am Sunset Beach in der Nähe von Kammie's Market. Die meisten Boards wurden in der Stadt hergestellt, aber viele stammten auch aus der Eigenproduktion in Garagen und Schuppen. Weil soviel experimentiert wurde, begannen manche Surfer, sich eine Sammlung von Boards zuzulegen – jedes wurde für eine bestimmte Situation konstruiert. Kleine, breite und rundere Bretter für kleinere Wellen; lange, schmale und geradlinige Boards für die größeren. Jede Dünung, die die North Shore erreichte, bot sowohl die Gelegenheit für eine ausdrucksstarke Surf-Session als auch für einenProberitt. Während der Wettkampfsaison (etwa von November bis Januar) drängten sich täglich mehrere tausend der weltbesten Surfer auf dem relativ kleinen Sandstreifen.

Anfang der 70er Jahre beherrschten die Hawaiianer, wie Jeff Hakman, Barry Kanaiaupuni, Jock Sutherland, Gerry Lopez, Sam Hawk, Eddie Aikau, Owl Chapman, Tom Stone, James Jones und Reno Abellira die Wintersaison an der North Shore. Es gab nur wenige nicht einheimische Surf-Asse, unter ihnen der Australier Terry Fitzgerald (der „Sultan der Geschwindigkeit"), der Südafrikaner Gavin Rudolph und der Kalifornier Mike Doyle.

Wegen der Mobilität und der sorglosen Lebenseinstellung war der Schritt von der Surfkultur zur Drogenkultur nicht groß. Im Lauf der Jahre kamen einige wieder davon los, andere jedoch nicht.

OBEN: **Rick Rasmussen.**

UNTEN: **Jeff Hakman.**

Die Hakman Connection

Jeff Hakman war der erfolgreichste Wettkampfsurfer zwischen 1965 und 1975. Seine Siege reichten von 1965 beim *Duke Classic* bis hin zu seinem ersten Platz beim *Bell's Beach Wettkampf* in Australien 1976, den er mit Heroin vollgepumpt gewann. Nach dem letzten Wettkampf vereinbarte er mit Alan Green in Torquay, daß er und sein geschäftstüchtiger Freund Bob McKnight offizielle Vertreter für die „boardshorts" von *Quicksilver* in Amerika wurden. Das einzigartige Design dieser Shorts eignete sich hervorragend zum Surfen, und als die Australier begannen, den Sport stark zu beeinflussen, wurden sie von 1976 bis 1978 sehr beliebt. Hakman und McKnight erzielten große Gewinne, doch ein Jahr zuvor hatte sich Jeff auf Bali zum ersten Mal Heroin gespritzt, danach schien er wie von Affen gebissen und mußte die Firma aufgrund seiner Drogenabhängigkeit verlassen. Das wäre auch beinahe sein Abschied aus der Surfwelt gewesen, wenn er nicht zehn Jahre später seine Kontakte sowohl zur Surfwelt als auch zu *Quiksilver* wieder aufgenommen hätte. Er gründete zusammen mit Harry Hodge (einem freiheitsliebenden Filmemacher, der in den 70er Jahren *Band on the Run* gedreht hatte) die außergewöhnlich erfolgreiche Firma *Quiksilver Europe*, die 1996 schon 72 Millionen Dollar umsetzte.

Gerry Lopez

Gerry Lopez waren die Schwächen seiner Surfkollegen immer bewußt, er selbst jedoch kam nie vom rechten Weg ab. Geboren und aufgewachsen in Honolulu, kubanischer, deutscher und japanischer Abstammung, ritt er die Wellen von Waikiki von klein auf. Später versuchte er sich an der North Shore und beeindruckte im Winter 1968/69 im Alter von gerade mal 20 Jahren bereits mit herausragenden Leistungen. Er war ein überlegener Wettkampfsurfer und gehörte 1970 und 1972 zum hawaiischen Team für die Weltmeisterschaften. Aber die wirkliche Herausforderung für ihn war die Pipeline. Er wurde zum unangefochtenen Meister der Tube, und etablierte den Ritt im Tunnel als das ultimative Manöver im Surfsport. In den späten 60er Jahren folgte Lopez zunächst Dick Brewers psychedelischer Zen-Philosophie, fand aber dann seine eigene Überzeugung. Er arbeitete für die Firma *Surfline* in Honolulu, als er zusammen mit dem Geschäftsmann Jack Shipley beschloß, eine eigene Firma zu gründen: *Lightning Bolt.* Angezogen von Lopez' Charisma und Talent, fanden sich verschiedene Surfer und Shaper unter seinem Emblem (ein Blitz) zusammen.

Er spielte in drei der besten Surffilme der 70er Jahre mit: *Five Summer Stories* (1972), *Hot Lips and Inner Tubes* (1978) und *Free Ride* (1978). Schließlich hatte Lopez 1978 die Möglichkeit, in dem Film *Big Wednesday* von Autor und Regisseur John Milius sich selbst zu spielen. Milius, selbst ein alter Malibu-Surfer, mochte Gerry, und Gerry liebte Filme. So kam es, daß er in Milius' lustigem Abenteuerfilm *Conan the Babarian* (1982), den Freund von Arnold Schwarzenegger, Subotai, spielte. Außerdem konnte man ihn zusammen mit Nick Nolte als einen weisen Dayak-Krieger in *Farewell to the King* (1989) erleben.

„Die Dayaks sind Eingeborene Borneos", erklärte Milius 1992 in einem Interview. „Sie sind die Meister des Dschungels, doch Gerry war noch würdevoller als sie... stiller. Wenn er beispielsweise einen Baum hochklettert, sieht es ganz langsam aus, aber in Wahrheit ist er verdammt flink. Und er lernt so extrem schnell! Bei den Dreharbeiten zu *Conan* beherrschte Gerry den Umgang mit dem Schwert als erster. Dann brachte er es Arnold und den anderen bei. Er versetzt einen einfach immer wieder in Erstaunen. Er kann 60 Kilometer laufen und dann noch überallhin schwimmen." Dazu Lopez: „Das Surfen zwingt einen, sich auf das Hier und Jetzt zu konzentrieren... Das ist das Schwierigste. Die meisten leben in ihren Erinnerungen und Erwartungen, aber man muß sich darauf konzentrieren, wo man sich im Moment befindet."

Eine Reihe von Surfern hat die Herausforderung der Tubes von Banzai Beach erfolgreich bestanden und sich damit den Titel Mr. Pipeline verdient. Der erste war Phil Edwards. Es folgten Butch Van Artsdalen, Jock Sutherland und Gerry Lopez, dessen absolut sicheres Auge für die Wellen und höchste Präzision seine Perfektion in dieser Welle ermöglichen (OBERE BILDFOLGE). **Auf der Suche nach vergleichbaren Wellen verschlug es ihn nach Bali, Java und Fidschi.**

RECHTS: **Lopez in Cloudbreak, vor Tavarua Island, Fidschi.**

1975 änderte sich das Bild, als eine Gruppe von entschlossenen und athletischen Surfern aus der südlichen Hemisphäre hinzukam, um eine, wie sie es nannten, „Backside-Attacke“ auf die Pipeline zu inszenieren. Sie nahmen sich die größten und hinterhältigsten Wellen vor und gingen sie mit einer Aggressivität an, wie es sonst nur *goofy-footer* (Surfer, die mit dem rechten Fuß vorne stehen) wagten. Zu diesen äußerst talentierten Sportlern zählten neben den Vettern Shaun und Mike Tomson aus Südafrika auch einige Mitglieder der australischen Schule: Peter Townend, Ian Cairns, Mark Warren, Bruce Raymond und der einzigartige Wayne „Rabbit“ Bartholomew aus Queensland. Diese Jungs waren allesamt großartige Surfer, und zwar nicht nur in Pipeline, sondern auch vor Sunset und Waimea. In Interviews und Artikeln bekräftigten sie immer wieder, daß der einzige Weg, sich beim Surfen zu beweisen, darin bestehe, sich die größten, halsbrecherischsten Wellen vorzunehmen. Diese dann zu bezwingen und hinterher darüber zu sprechen bringe den ultimativen Kick – und Ruhm! „Ihr Traum", schrieb der *Surfer*, „war eine Welt, in der sie nichts taten als surfen. Dann wurde das, was sie liebten, zu dem, was sie taten. Sie nannten es professionelles Surfen. Und trotz einer mürrischen Gegenreaktion der Surf-Gurus veränderte ihr Verhalten weltweit die Einstellung von Surfern sich selbst gegenüber."

Diese Jungs brachten wieder Farbe und Kraft in eine seelenvolle, aber verblaßte Sportart. Und damit kamen auch das Geld, die Aufmerksamkeit und noch mehr Menschen an die North Shore. Im Winter 1977/78 erschien der Regisseur John Milius auf der Bildfläche, um die auf Hawaii spielenden Sequenzen von *Big Wednesday* zu filmen. Die Surfwelle der 60er Jahre war zwar längst verebbt, und der Film war nun wirklich kein Kassenschlager, aber der Wirbel, den Milius an der North Shore veranstaltete, elektrisierte die Sportler. Der Schwerpunkt des Films, die wirklich großen Wellen, bewirkte eine allmähliche Richtungsänderung in der Entwicklung des Surfens. Nachdem die Medien jahrelang von ausdrucksstarken Stilisten, die sich vor allem auf kleinen und mittleren Wellen auszeichneten, beherrscht worden waren, erhielten jetzt allmählich auch Big-Wave-Surfer ihre gebührende Aufmerksamkeit. Als Konsequenz zog es noch mehr Surfer zur Wintersaison nach Hawaii.

GEGENÜBERLIEGENDE SEITE, OBEN: **Eddie Aikau in der Waimea Bay, 1978. Niemand surfte die großen Wellen mit so viel Esprit wie er.**

LINKS: **Die Familie Aikau, eine der wichtigsten Surf-Familien auf Oahu. Eddie, vordere Reihe links neben seinem Bruder Clyde, ertrank im Molokai Channel bei dem Versuch, Hilfe zu holen, als der Nachbau eines alten Reisekanus, die Hokulea, in einen Sturm geriet. Der Rest der Mannschaft wurde gerettet, und das Schiff konnte geborgen werden.**

UNTEN: **Eddie Aikaus Beerdigung zog Hunderte von Surfern, Inselbewohnern, Familienmitgliedern und Freunden an den Strand von Waimea. Jeden Winter, wenn die Wellen mindestens sechs Meter hoch sind, findet hier ein Wettkampf in Gedenken an ihn statt. In Surferkreisen ist diese Veranstaltung als *The Eddie* bekannt.**

STUBBIES PRO
INTERNATIONAL
SURFING
CEANSIDE • CALIFORNIA
JULY 28 – AUG. 2, 1987
FING WAX

CHECK
THE
WAVES

OBEN: **1986 bei den *Op Pros* in Huntington Beach zeigten sich die Massen von ihrer häßlichen Seite und zündeten Polizeiautos an. So machte Surfen Schlagzeilen in Los Angeles.**

VORHERIGE DOPPELSEITE: **In den 80er Jahren zeigte das Marketing der Surffirmen Erfolg. Weltweit trugen die Menschen T-Shirts mit den Schriftzügen der Hersteller, und durch die Surfwettbewerbe kamen mehr Zuschauer als je zuvor an die Strände. Fans verfolgen den Wettkampf in Oceanside vom Pier aus.**

Big Wednesday bedeutete auch das große Geschäft. In professionellen Surfwettbewerben betrug das jährliche Preisgeld insgesamt nur 150.000 Dollar, und lukrative Sponsorenverträge waren schwer zu bekommen. Die Filmproduktion eröffnete daher den Surfern, Fotografen, Rettungsschwimmern und Shapern eine neue Möglichkeit zumindest der vorübergehenden Beschäftigung. Neben Bud Browne, Greg MacGillivray und Gerry Lopez stiegen auch Billy Hamilton, George Greenough, Ian Cairns, Peter Townend sowie Denny Aaberg (einer der Surfer aus der Blütezeit Malibus und Coautor von Milius' Drehbuch) und eine Menge anderer in das Projekt ein. Somit wurde das Unterfangen zu einer wertvollen Lernerfahrung, die Hollywoods späterem Einstieg in das Surfen und in die North Shore den Weg ebnete.

Zwei Filme von John Milius verhalfen dem Surfsport in den 70er Jahren zu neuer Popularität: ***Big Wednesday*** (OBEN LINKS, 1978) und ***Apocalypse Now*** (LINKS, 1979), für den er das Drehbuch schrieb. Der Titel ***Big Wednesday*** war bereits bekannt aus dem gleichnamigen Surffilm von John Severson (1961). ***Free Ride*** (1978) von Bill Delaney setzte neue Maßstäbe für Sportfilme.

SURFEN VERKAUFT SICH, DIE KULTUR BLEIBT

Durch die draufgängerische Art der Australier und durch Filme wie *Big Wednesday* und ein paar andere erfolgreiche Surffilme, darunter *Five Summer Stories* und *Free Ride,* erwachte der Surfsport Ende der 70er Jahre langsam wieder aus seinem Dornröschenschlaf. Im kalifornischen Newport Beach, wo eine Reihe von Surfbekleidungsfirmen und die erfolgreichsten Surfläden ansässig waren, trotzten die Surfer dem australischen Einfluß durch mutiges, radikales Surfen auf kleinen Wellen sowie farbenfrohe Neoprenanzüge und Strandkleidung. Unter den Jungs, die häufig Newports „heißeste hundert Meter" der Molen und Tubes aufsuchten, befand sich auch der Modetrendsetter Danny Kwock, der später stellvertretender Werbe- und Verkaufsleiter von *Quiksilver* wurde. Inzwischen stiegen immer mehr Spitzensurfer in das Bekleidungsgeschäft ein, allen voran Michael Tomson, der die Firma *Gotcha Sportswear* gründete. Tatsächlich profitierten die Surfbekleidungsgeschäfte im hohen Maß von der steigenden Beliebtheit des Skateboardens. Aber auch die jungen Boogieboard-Surfer verlangten nach Surfbekleidung.

Nicht nur durch das Skaten, sondern auch durch Windsurfen und Snowboarding erhielt die Surfszene neuen Schwung. Das von dem Malibu-Surfer Hoyle Schweitzer in den 60er Jahren zusammen mit seinem Segelfreund Jim Drake erfundene Windsurfen kam auf dem amerikanischen Markt zuerst nicht gut an. Anders in Europa, wo zwar jeder schon vom Surfen gehört hatte, aber nur wenige es konnten. Hier bauten Dutzende von Herstellern den *Windsurfer* nach, so daß eine völlig neue Wassersportindustrie entstand. Erst gegen Ende der 70er,

In den 80er Jahren erlebte die Vermarktung des Surfens einen rapiden Aufschwung, als Wetsuits in leuchtenden Farben und ausführlich mit Werbelogos bedruckt auf dem Markt auftauchten. Auch die ehemals unauffälligen Surfshops paßten ihr Äußeres der neuen Situation an. Der Surfsport war keine alternative Subkultur mehr, sondern ein Millionen-Dollar-Geschäft.

Anfang der 80er Jahre, als kurze, leicht zu manövrierende Boards für das Segeln in den Wellen konstruiert wurden, erlebte der Sport auch in den Vereinigten Staaten seinen Durchbruch. Zur winterlichen Ergänzung des Surfens und der Surfkultur entwickelte sich, stärker als Skilaufen und Monoskiing, das Snowboarding.

Die Finanzspritze, die das Surfen durch den wachsenden Erfolg der Sportbekleidungsindustrie erhielt, hatte tiefgreifende Auswirkungen. So erhöhte sich das Budget, zum Beispiel für Teamsurfer, Werbung, Filme, Videos, Fernsehproduktionen und das Sponsoring von Veranstaltungen. Für die Subkultur des Surfens wurde auf diese Weise erneut ein grundsätzlicher

Simon Anderson und das Thrusterboard mit drei Finnen

Die Ausrüstung spielt eine große Rolle in diesem Sport. Das Brett der 90er Jahre, das sehr kurze, leichte und extrem dünne mit drei Finnen, das trotzdem eine ausgezeichnete Standfestigkeit bietet, wurde 1980 von dem Australier Simon Anderson erfunden. Der „sanfte Riese" Anderson hatte sich für drei Finnen entschieden, um im Wettkampf, der von kleineren und leichteren Surfern auf ihren Brettern mit einer oder zwei Finnen dominiert wurde, eine bessere Standfestigkeit zu gewinnen. Die drei Finnen verliehen seiner Konstruktion eine so gute seitliche Stabilität, daß man mit einem Fuß sehr weit hinten auf diesen kurzen und leichten Brettern, direkt über den Finnen, stehen konnte. Durch die ständige Gewichtsverlagerung ließen sich die Wellen nun besser ausfahren als jemals zuvor. Dies zumindest war die Theorie, und sie bewahrheitete sich praktisch sofort, als Anderson 1981 mit überzeugenden Siegen in *Bell's Beach* und dem *Coke Wettkampf* in Sydney ins neue Jahr startete. Der Rest der Surfer wechselte schleunigst zum Thrusterboard, und zwar noch schneller als bei der Umstellung auf die Shortboards 1967/68.

1985 sah das Surfen anders aus als 1965. Die Longboards und Kniepaddler waren von der Bildfläche verschwunden, keiner schmiß sich mehr wie früher in die Wellen, und man sah keine akrobatischen Verrenkungen von Surfern, die verzweifelt versuchten, ihre Bretter in drei Meter hohen Wellen festzuhalten. Jetzt drückten die Teenies nur die Spitze des Bretts unter die Wasseroberfläche und konnten mit dem Thruster durch die Welle tauchen, ein Manöver, das bald *Duck dive* genannt wurde. Wenn eine Welle zu groß für einen *Duck dive* war, ließ man das Brett eben los – es hing ja ohnehin noch an der Leash.

Diese kurzen leichten Boards waren fast so manövrierfähig wie ein Skateboard, und bald verbrachten die Surfer immer weniger Zeit im Wasser und immer mehr Zeit in der Luft. Und weil der Thruster wie ein Skateboard funktionierte, übertrug sich die Psychologie des Skatboardens zwangsläufig und unwiderruflich auch aufs Wasser. Zunächst versuchsweise, und dann unaufhaltsam vollführten der Hawaiianer Johnny Boy Gomes und der Kalifornier Davey Smith erstaunliche Tricks. Aber erst Christian Fletcher, ein Surfer der dritten Generation, zeigte die ganze Palette von unglaublichen Sprüngen und neuen Figuren. Er surfte dort, wo die Welle vorgab zu sein, es aber nicht war. Seine Manöver waren, um es kurz zu sagen, verrückt. Die Tricks und Sprünge, die er mit seinem 5,5 Fuß kurzen und gerade mal 7 Pfund leichten Brett vollführte, schienen direkt bei den Skateboardern abgeschaut zu sein.

Das Thrusterboard veränderte das Erscheinungsbild des modernen Surfsports ein weiteres Mal. Innerhalb weniger Monate besaß fast jeder eins.

Wandel eingeleitet. Und wieder einmal fiel eine wichtige Erfindung in die passende Zeit. So war es mit dem Schaumstoff und *Gidget,* mit den Shortboards und den Drogen. Was als nächstes wie eine Bombe einschlug und Surfen zu dem Megasport und Megageschäft machte, das es heute ist, war das dreifinnige Thrusterboard, das 1980 von Simon Anderson eingeführt wurde.

Ian Cairns (Mitte) und Peter Townend (rechts) versuchten Mitte der 80er Jahre, ein Profiteam aufzubauen. Allerdings zeigten sich Mark Warren (links) und Cheyne Horan, die beiden anderen Mitglieder der *Bronzed Aussies,* nicht besonders überzeugt. Cairns und Townend riefen die *National Scholastic Surfing Association* und andere Projekte ins Leben, um das Surfen einem breiteren Publikum näher zu bringen.

DER KAMPF UM DIE DOLLARS

„Ein paar skrupellose Wall-Street-Haie wollen das Surfen reglementieren, um Kapital daraus zu schlagen. Unter einem solchen Regime von ‚Geschäftemachern' wird ein Surfer, um überleben zu können, dazu gezwungen sein, sich den wenigen, die die Kontrolle haben, vollkommen zu unterwerfen." [Mickey Dora, *Surfer,* September 1969]

Im Surfen herrschte schon immer Wettstreit. Waren bis in die 30er Jahre hinein die Wettkämpfe hauptsächlich von der Disziplin des Paddelns bestimmt, so rückte Anfang der 50er Jahre, während der Neuorientierung in Makaha, das Geschick beim Wellenreiten ins Rampenlicht. Das Surfen genoß zwar von allen Disziplinen das höchste Ansehen, aber immer noch entschied die Gesamtpunktzahl für Surfen, Paddeln und Tandemsurfen über den endgültigen Sieger.

Dagegen sind Surfwettkämpfe in jüngster Zeit hauptsächlich auf das Surfen beschränkt. Die Konkurrenten werden normalerweise nach Alter, Geschlecht und Aktivität in verschiedene Kategorien eingeteilt. Wie in anderen Sportarten gibt es auch Einteilungen je nach Können. So weist der Surfsport eine komplexe Struktur aus lokalen, regionalen, bundesstaatlichen, nationalen und internationalen Wettkämpfen auf. Dieses System, das in den 60er Jahren ziemlich gut entwickelt war, verlor in den 70er Jahren an Bedeutung, wurde aber in den 80ern und 90ern wieder aufgegriffen und weitergeführt, so daß man heute über eine Sparte für das zeitgenössische Surfboard und das moderne Longboard verfügt.

Ende der 60er Jahre verfochten die naturbewußten „Soul-Surfer" eine Politik des langsamen Wachstums, mit der sie sich gegen die Ausrichtung von Wettkämpfen an ihren Spots wandten. Mickey Dora verbrachte bereits die meiste Zeit des Jahres im Ausland, jobbte hier und dort, und wollte endgültig auswandern. „Das Aufkommen des ‚Profitums' wird dem Surfsport den Rest geben", sagte er 1969 in einem Interview mit dem *Surfer.* „Der Professionalismus macht jeglichen Einfluß, den man als einzelner derzeit noch auf den Sport hat, völlig zunichte." In einem anderen Artikel des *Surfer* hieb der aus Santa Cruz stammende John Scott in die gleiche Kerbe: „Der Professionalismus ist schlecht!"

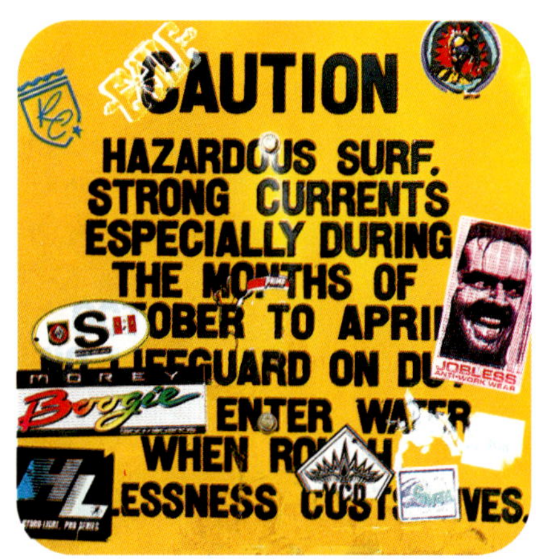

Das Surfen veränderte sich, als die Preisgelder zu hoch wurden, um ihnen länger widerstehen

zu können. Zuerst waren es nur kleine Summen – 28 Dollar für den „besten Ritt" beim *Bell's Beach Classic* von 1962. Dann kletterten die Beträge in die Höhe. 2000 Dollar erhielt Terry Jones für seinen ersten Platz in Moreys zweitem Noseriding-Wettkampf 1966. Corky Carroll bekam für seinen Sieg beim ersten *Smirnoff Pro-Am* 1968 in Santa Cruz 300 Dollar. Nat Youngs erster Platz beim *Makaha Smirnoff* 1970 brachte ihm 2000 Dollar, während Michael Peterson 1974 beim *Coke Surfabout* in Sydney für seinen Sieg schon 3000 Dollar erhielt. Und hatte es 1971 bei den ersten *Pipeline Masters* insgesamt 1000 Dollar an Preisgeldern gegeben, so waren es bei den Masters 1996 bereits 130.000 Dollar, wovon allein 20.000 Dollar an den Gewinner Kelly Slater gingen.

DER AUFSTIEG DER WORLD SURF TOUR

Trotz aller Proteste und wettkampffeindlicher Überzeugungen war klar, daß die Wettbewerbe nicht einfach wieder verschwinden würden. Die Frage war nur, welche Entwicklung sie nehmen würden. Die Trendsportarten der damaligen Zeit waren Tennis oder Golf.

Im Dezember 1968 machten der Big-Wave-Surfer Fred Van Dyke und der für das Sportfernsehen tätige Produzent Larry Lindberg (er produzierte für ABC die Fernsehübertragungen

John Scott demonstrierte zusammen mit anderen „Surfpuristen" seinen Unmut gegen die Vereinnahmung ihrer Strände durch das Profitum.

GANZ OBEN: **Die Steamer Lane in Santa Cruz. Andere Surfer genossen die Professionalisierung des Sports und profitierten von ihr.**

OBEN: **Der viermalige Weltmeister Mark Richards aus Australien wird von Lord James Blears, dem ehemaligen Ringer und Surfbegeisterten, interviewt.**

Surfen begeistert ein Massenpublikum nun schon seit Ende der 80er Jahre. Tausende strömten nach Huntington Beach, um die jährlichen *U.S. Open Surfing Championships* zu erleben. Hier bahnt sich der hawaiische Starsurfer Sonny Garcia nach seinem Lauf den Weg zum abgetrennten Areal für die Wettkämpfer.

RECHTS: **Der zweimalige Weltmeister Tom Carroll aus Australien feiert seinen Sieg auf Hawaii, 1988.**

GANZ RECHTS: **Surfwerbung in England zeigt, wie beliebt der Sport dort ist.**

der „Dukes") einer Gruppe von Spitzensurfern, die sich in Waikiki versammelten, den bescheidenen Vorschlag, Satzungsmitglieder der *International Professional Surfers Association* (IPSA) zu werden. Ziel sollte laut Van Dyke sein, „in einer Reihe von Wettkämpfen auf dem gesamten Globus den wahren Weltmeister zu ermitteln. Außerdem wollen wir Preisgelder aussetzen, den Sport fördern und die Interessen unserer Mitglieder vertreten". Als Vorbild sollte der Verband der Profi-Golfer, die *Professional Golfers' Association* (PGA), dienen. Fred Van Dyke wurde zum Präsidenten gewählt. Ron Sorrell, Mitglied des *Outrigger Canoe Club* und als PR-Manager tätig, ernannte man zum Bevollmächtigten. Sorrell war davon überzeugt, daß das professionelle Surfen eine Zukunft habe, und diese Zukunft sah er im Fernsehen. Vielleicht lag er sogar richtig, doch die IPSA bestand nicht lange genug, um es herauszufinden.

KENWOOD

46:01
CASIO
asp
Hard Rock
Hard Rock
Hard Rock
Rock

It's the real thing. Coke.
Coca-Cola
Coca-Cola
CLEARING
KINGSGATE

Surfen als Kunst

Für manche ist Wellenreiten eine Religion, für andere ist es ein Sport – eine gesunde Körperertüchtigung und, so behaupten sie, mehr nicht. Wiederum andere sagen, es sei eine vergängliche Kunstform. Wenn das Surfen eine Kunst ist, dann vielleicht eine kämpferische Kunst, aber im Geist von Aikido, der Kunst des Friedens, bei der die Kraft des Gegners genutzt wird, um ihn zu bezwingen.

Genau das geschieht, wenn ein Surfer mit seinem Board in eine Welle schneidet. Die Welle wächst zu einer geballten Faust an, und der Surfer läßt sich in den Tunnel fallen, um ihr zu begegnen. Die Anspannung läßt nach, die Faust öffnet sich und gibt den Surfer wieder frei, der in einer langgezogenen Kurve durch die Welle pflügt und mit einem lockeren Schwung glückseliger Zufriedenheit aus ihr herausfährt. Zu viel, was? Nun, aus der Sicht von jemandem, der Surfen als Kunst betrachtet, ist es einfach unglaublich schön.

Die Kunst des Tanzes wie sie von Gerry Lopez in der Pipeline an Oahus North Shore verkörpert wird.

OBEN: Ausdruck ist das Zauberwort beim Surfen. Matt Peterson in Huntington Beach.

Auch Fred Hemmings Jr. war bei dieser Versammlung dabei und unterzeichnete eine Absichtserklärung. Der Weltmeister von 1968 hatte soeben Scotts Artikel im *Surfer* widersprochen und schrieb: „Das professionelle Surfen wird unserem Sport eine eigene Identität verleihen, alle Facetten des Wettbewerbs verbessern, ein sauberes und gesundes Image vermitteln und besonders die Entwicklung der Surftechnik vorantreiben." Fred machte seinen Einfluß geltend und setzte sich für die Gründung eines professionellen Surfverbandes ein, den er *Professional Surfing Association* nennen wollte.

Der Weg zu einer erfolgreichen Tour um die Weltmeisterschaft im Surfen war äußerst steinig. Die sechste Surfweltmeisterschaft fand 1972 in San Diego statt. Das erwartete erneute Aufeinandertreffen von David Nuuhiwa und Nat Young, dem Champion von 1966, kam nicht zustande, da sich Nat nach Byron Bay zurückgezogen hatte. Ebensowenig nahm Fred Hemmings, der Meister von 1968, teil, denn er wußte, daß er auf den kleinen Wellen von San Diego nicht die geringste Chance hatte.

Nuuhiwa hatte sich völlig neu definiert als Shortboard-Surfer, aber der politische Wind schien in eine andere Richtung zu blasen. Auch schien die örtliche Surfszene einen Groll gegen ihn zu hegen. Sein Lieblingsbrett (ein „Fish") wurde gestohlen, in zwei Teile zerbrochen

Curren der zweiten Generation

Der Kalifornier Tom Curren, Sohn eines bekannten Big-Wave-Surfers, ersurfte sich ruhig und zielstrebig seinen Weg in die obersten Plätze der Amateur-Weltrangliste bis zum Zusammenschluß mit dem Profiverband. Er schlug zweimal die Teilnahme an kommerziellen Wettkämpfen aus, um 1982 an den Weltmeisterschaften in Australien (die nur Amateure zuließ) teilzunehmen (und zu gewinnen). Er wurde von *Ocean Pacific* unter Vertrag genommen und zum bekanntesten Surfer der 80er Jahre aufgebaut, noch bevor er 1986 seinen ersten Weltmeistertitel gewann; 1987 errang er erneut den Weltmeistertitel, heiratete und zog sich einige Zeit zurück, um dann 1990 wieder Weltbester zu werden. Er war das Objekt umfassenden Medieninteresses. Er nahm sich die Freiheit, Veranstaltungen in Südafrika wegen der Apartheidpolitik grundsätzlich zu boykottieren, wagte es, ohne Werbelogos auf seinem Board zu surfen und spielte lieber Musik als sich interviewen zu lassen. Anfang der 90er Jahre zog er sich aus der Wettkampfszene zurück.

und mit den daraufgekritzelten Worten „Viel Glück, Dave" symbolisch am Ocean Beach Pier aufgehängt. Offensichtlich beanspruchten die Einheimischen vom nahen Sunset Cliff, die das Fish-Doppelheckbrett entwickelt hatten, das alleinige Benutzungsrecht. Zwar deklassierte Nuuhiwa die Konkurrenz auch auf einem geliehenen Board, verlor aber dennoch den Wettbewerb. Nach der enttäuschenden Veranstaltung von San Diego verschwanden die *International Surfing Federation* und die *World Surfing Championships* in der Versenkung.

Vier Jahre später, im September 1976 gründete Hemmings *International Professional Surfers* (IPS), eine Organisation mit dem alleinigen Ziel, einem breiten Publikum den sauberen, gesunden Surfsport vorzustellen. Indem vorhandene Veranstaltungen auf der ganzen Welt im nachhinein anerkannt wurden, schaffte die IPS jenen professionellen Wettbewerb, den sich Van Dyke und Sorrel vorgestellt hatten. Außerdem gab es auch sofort den ersten Weltmeister,

Ein monumentaler *Snap-back* von Tom Carroll (GEGENÜBERLIEGENDE SEITE), **auf dem Weg zum Gewinn seines dritten Pipeline Master Titels 1991. Die Veranstaltung war mit 100.000 Dollar dotiert.**

OBEN: **Der dreimalige Weltmeister Tom Curren bereitet sich auf den Ritt in der Tube vor, Off the Wall. Dieser Ort wird wegen seiner Schönheit oft auch Kodak Reef genannt.**

XCEL
REEF

den ausgezeichneten australischen Allround-Surfer Peter Townend. Dessen Freund Ian Cairns belegten den zweiten Platz (ohne auch nur einen einzigen Wettbewerb gewonnen zu haben). Bei einer kurzen Zeremonie im *Outrigger Canoe Club* schnappte sich Hemmings einen alten Pokal vom Regal und überreichte ihn (für die Kameras) dem strahlenden Townend, nur um ihn anschließend wieder ins Regal zurückzustellen.

Es war ein riskantes Unterfangen, aber der professionelle Surfsport besaß nun eine Tour. In der gesamten Saison von 1977 lag das Preisgeld schon bei 146.000 Dollar. Nach einem Zerwürfnis mit Hemmings warb Cairns im Ende 1982 für sein neues Konzept, die *Association of Surfing Professionals* (ASP), die sich selbst verwalten sollte. Die IPS wurde abgesetzt, und die ASP übernahm (mit finanzieller Schützenhilfe von *Ocean Pacific*, einer der erfolgreichsten Surfbekleidungsfirmen) die Kontrolle über die Wettbewerbe.

FRAUEN UND SURFEN

Auch wenn es bereits in den 20er Jahren einige Frauen auf Surfbrettern gab, ist Surfen doch weitgehend eine von Männern beherrschte Sportart geblieben, in der frauenfeindliches, obszönes Machoverhalten zu einer Art Stammesritual hochstilisiert worden ist. Seit den Tagen der „Kasernenhölle" an der North Shore, über Orgien im *Narrabeen Clubhouse* und Exzessen von Heavy-Metal-Anhängern, bis hin zur „Fleischbeschau"- Atmosphäre heutiger Surfwettbewerbe sind Frauen vom inneren Kreis des Sports praktisch ausgeschlossen. Am Anfang war das teilweise auf die Größe und das Gewicht der Ausrüstung zurückzuführen. Nach einer Weile jedoch wurde daraus eine gesellschaftliche Konvention, es handelte sich eben um eine Art Männerklub. Trotzdem surften in den 50er Jahren in Malibu auch Frauen. Vor Kathy Kohner gab es bereits Vicky Flaxman, die 1950 mit den ersten Potato-Chip-Brettern von der Outside bis an den Strand surfte und von den Kerlen dafür ordentlich Beifall bekam.

Darüber hinaus gab es in den 50er, 60er und 70er Jahren eine Reihe von hervorragenden Surferinnen. Marge Calhoun, Lynn Boyer, Joey Hamasaki, Phyllis O'Donnell, Sharon Webber und Joyce Hoffman erhielten durch das Surfen viele Trophäen, Vergünstigungen und Presseaufmerksamkeit, doch leben konnten sie davon nicht. Dagegen haben die Surferinnen von heute (angefangen mit Margo Godfrey Oberg, die ihre Weltmeistertitel für eine Karriere als Surflehrerin auf Kauai nutzte; und Rell Sunn, die als die „Königin von Makaha" galt) durchaus Einfluß auf den Sport. Kim Mearing aus Kalifornien, die Australierinnen Pam Burridge, Pauline Menczer, Layne Beachley und ein halbes Dutzend weiterer

Obwohl Surfen im 20. Jahrhundert hauptsächlich von Männern betrieben wurde, hat es schon immer bemerkenswerte Surferinnen gegeben.

OBEN: **Die viermalige Weltmeisterin Margo Godfrey Oberg beim Noseriding in Santa Barbara (Hammonds Reef), 1967. Im Jahr davor hatte sie ihren ersten Titel in Puerto Rico gewonnen.**

LINKS: **Während sie sich anschickte, eine Familie zu gründen, arbeitete Margo als Surflehrerin auf Kauai. Kauai ist auch das Zuhause von Malia Jones** (GEGENÜBERLIEGENDE SEITE)**, einer äußerst eindrucksvollen Surferin im Stil der 90er Jahre, der nur wenige Männer das Wasser reichen können.**

Lisa Andersen

In einem Artikel des Magazins *Outside* mit dem Titel „Gidget Kicks Ass" (November 1996) schrieb Martha Sherrill: „In der anachronistischen Machowelt des Surfens erlangt man nur Respekt, wenn man wie ein Mann durch die Wellen schneidet und so tut, als sei das keine große Sache. Die zweifache Weltmeisterin Lisa Andersen ist die erste Frau, der das gelang. Seitdem werden Frauen mit anderen Augen gesehen, und unzählige junge Frauen hat das ermutigt, mit diesem Sport zu beginnen."

Mit 27 reiste Andersen mit dem Weltmeisterschaftszirkus um die Welt und gewann 1996 zum dritten Mal in Folge den Titel. Mit dabei war ihre dreijährige Tochter Erica. Einen Sommer zuvor hatte sie an einer Sonderveranstaltung der Männerweltmeisterschaften, den *Quiksilver Pro* teilgenommen. Sie war eine von vier Frauen, die in den Dschungel des abgelegenen und gefährlichen G-Land auf Java eingeladen wurden, das Teilnehmerfeld von 48 Männern zu komplettieren. Als Lisa sich furchtlos in die großen, donnernden Wellen stürzte und sich am Riff im Gesicht verletzte, verdiente sie sich den Respekt ihrer männlichen Kollegen. Andersens überragende Leistung im professionellen Frauensurfen ist unangefochten, und es wird erwartet, daß sie die Rekorde der viermaligen Weltmeisterinnen Frieda Zamba aus Florida (1984–1986, 1988), Wendy Botha aus Südafrika (1987, 1989, 1991, 1992) und der berühmten Wegbereiterin Margo Godfrey Oberg höchstpersönlich (1968, 1977, 1980, 1981) einstellt oder übertrifft – wenn sie weitermacht.

australischer Frauen surfen auf neuem Niveau, gewinnen Preisgelder und sichern sich Sponsorenverträge. Dadurch machen sie das Surfen auch für andere Frauen interessant.

Erstaunlicherweise zählt eine Frau, Lisa Andersen, zu den stärksten professionellen Surfern der letzten Jahre. Mit 16 machte sich Lisa nach Kalifornien auf, mit dem Ziel die Nummer eins im Surfen zu werden. Sie fuhr nach Huntington Beach in Kalifornien, bat Ian Cairns, sie in einem Wettbewerb der *National Scholastic Surfing Association* unterzubringen und verfolgte von da an unbeirrt ihr Ziel. Nach einer kurzen, aber kometenhaften Karriere als Amateurin wurde sie 1987 Profi. Gegen Ende desselben Jahres belegte sie bereits Platz 12 der Weltrangliste und wurde von der ASP zur Einsteigerin des Jahres ernannt.

Lisa Andersen aus Florida dominierte das Frauensurfen in den 90er Jahren. Sie reiste – manchmal von ihrer kleinen Tochter begleitet – zu den internationalen Wettkämpfen. Ihr Können und ihre Zielstrebigkeit brachten sie auf eine Stufe mit Topathletinnen anderer Sportarten wie Tennis, Leichtathletik und Golf.

Kelly Slater

Kelly Slater war ein anderes Phänomen. Er stammte aus einfachen Verhältnissen in Florida, machte während seiner Highschool-Zeit eine bemerkenswerte Amateurkarriere und dann einen kometenhaften Aufstieg zum Weltmeister. Das Aushängeschild der Bekleidungsfirma *Quiksilver* beherrschte Mitte der 90er Jahre die Szene wie kaum jemand zuvor in der Geschichte dieses Sports. Mit seinem guten Aussehen, seiner scheuen Intelligenz, furchtlosen Hingabe und seinem Hunger nach Erfolg war er weit über die Grenzen der Surfkultur hinaus ein Objekt vielfältiger Faszination. Zeitweise hatte er eine Rolle in der Fernsehserie *Baywatch*, zierte 1995 das Titelblatt von *Interview* und wurde von der Zeitschrift *People* unter die „50 schönsten Menschen der Welt" gewählt. Slater versuchte unerschrocken, so viel Geld wie möglich durch das Surfen zu verdienen.

Er kümmerte sich wenig um die lange Tradition des Sports mit all ihren Legenden und Helden, schließlich war es ja nach wie vor ein „junger" Sport. Und mit seinen 25 Jahren konnte er noch überall mühelos gewinnen.

OBEN: **Kein anderer Surfer dieser Tage hat das Profisurfen so deutlich geprägt wie Kelly Slater aus Florida. Um es sich selbst zu beweisen, war es für den vielfachen Weltmeister selbstverständlich, 1996 am *Eddie* in Waimea teilzunehmen.**

KLEINES BILD: **Slater mit Bob McKnight (links) von *Quiksilver*.**

GEGENÜBERLIEGENDE SEITE OBEN: **Als Eddie Vetter von *Pearl Jam* der *Surfrider Foundation* 50.000 Dollar spendete, übergab er den Scheck vor einer Toilette, weil, wie er sagte, „die Ozeane auch zu einer werden". Die Schallplatte *MOM* der *Surfrider Foundation* fand große Unterstützung in der Surfwelt für ihren Kampf für eine bessere Wasserqualität.**

GEGENÜBERLIEGENDE SEITE UNTEN: **Auch das gehört zur Welt der Surfer: Nachtlager in Baja.**

DIE GRÜNE SEELE DES SURFENS

Seit Mitte der 60er Jahre, als man erfolglos versuchte, Dana Point vor dem *Army Corps of Engineers* (ACE) zu retten, ist das Umweltbewußtsein innerhalb der Surfgemeinschaft kontinuierlich gewachsen. Gegen Ende der 60er Jahre rief die Surfszene die Initiative „Rettet unsere Wellen" ins Leben. Zuerst ging es dabei um Zugangsfragen, später um Tankerunfälle, geplante Häfen, Erschließung von Küstengebieten, Meeresverschmutzung usw.

Als der Surfer und Shaper Steve Pezman 1970 als freier Redakteur zum *Surfer* kam, richtete er als erstes ein neues Ressort ein. „OMO" (Our Mother Ocean) diente bereits damals als Forum für Umweltthemen und besteht bis heute. Als Pezman 1971 John Severson als Herausgeber der Zeitschrift ablöste, begann seine Hartnäckigkeit Früchte zu tragen, wenn auch nur indirekt. Denn Ende der 70er und Anfang der 80er Jahre wurde eine ganze Reihe von Surfern in ihren Gemeinden und ihrer unmittelbaren Umwelt aktiv.

Ende der 70er Jahre beobachteten drei Surfer in Nordkalifornien, wie ein einheimischer Fischer Steine von dem Riff abtrug, das Shelter Cove so exzellente Wellen bescherte, und damit einen Wellenbrecher errichtete, um seine Boote zu schützen. Einer der Surfer, Tom Pratte, studierte zu jener Zeit Umweltwissenschaften an der kalifornischen Humboldt-Universität. Er vertrat dieselbe ökologische Philosophie, auf die sich radikale Umweltorganisationen

wie *Earth First!* und die *Sea Shepherd Society* berufen. Nach mehreren freundlichen, aber fruchtlosen Überredungsversuchen und nach Mobilisierung der öffentlichen Meinung gelang es Pratte, die kalifornische Küstenaufsichtsbehörde einzuschalten und schließlich den Bau des Wellenbrechers zu stoppen. Später bekam er eine Stelle als Umweltschutzbeauftragter bei der *Western Surfing Association* (WSA). Dort widmete er den größten Teil seiner Arbeit dem Protest gegen die Trockenlegung der Malibu-Lagune durch den *Army Corps of Engineers.* Mit Hartnäckigkeit und akribischer Recherche, einem Zuschuß der WSA in Höhe von 3000 Dollar und anhaltender Unterstützung durch den Hersteller Grubby Clark erzielte Pratte in vielen Bereichen große Erfolge.

Besonders Surfer haben die Aufgabe, auch andere auf die Probleme der Meereswelt aufmerksam zu machen. So schrieb Bill Hamilton 1971: „Allein durch die Tatsache, daß wir auf den Wellen des Meeres gleiten, tragen wir eine erhebliche Verantwortung für die Zukunft und [die] Ökologie der Erde."

Auch der ehemalige Weltmeister Nat Young hat sich deutlich zu Umweltthemen geäußert und kandidierte sogar als Mitglied einer Umweltinitiative für das australische Parlament. „Die ausgesprochen hohe Zahl von Surfern auf unserem Planeten sollte meiner Meinung nach in einer Umweltinitiative organisiert sein", sagte er 1996 in einem Interview. „Longboarder und Shortboarder, alle Mitglieder dieses großen Stammes, genannt Surfer, sollten einstimmig erklären, daß unsere Umwelt allererste Priorität hat!"

Die Surfrider Foundation

Glenn Hening, ein Surfer und Computerspezialist bei *Jet Propulsion Laboratory* in Pasadena, hatte den Plan, eine Organisation zu gründen, die es den Surfern ermöglichte, sich in ihren eigenen Gemeinden verstärkt einzusetzen. Er verbündete sich mit Lance Carson, der Tom Pratte kannte. Die drei trafen sich, und das veranlaßte Hening 1984, die *Surfrider Foundation,* die erste gemeinnützige Umweltorganisation von Surfern zu gründen. Pratte war Mitglied des Aufsichtsrats und wurde später dessen Vorsitzender.

Finanziell unterstützt von Grubby Clark, Gründungsmitgliedern wie Yvon Chouinard von *Patagonia Inc.* (der 10.000 Dollar für künstlichen Riffaufbau spendete und insgesamt ungefähr 65.000 Dollar für *Surfrider* zur Verfügung stellte) und den Surfmagazinen wurde *Surfrider* schnell zu einer festen Größe in der Surfgemeinde. „Tom Pratte spielte eine Schlüsselrolle und verhalf uns mit seinen umweltpolitischen Recherchen zu Glaubwürdigkeit", sagt Hening, der die Organisation 1986 verließ. Hening beschäftigt sich noch immer mit Fragen des Umweltschutzes und der Wasserqualität.

Während Prattes Amtsperiode schloß sich *Surfrider* mit dem Rechtsanwalt Mark Massara aus San Francisco zusammen, um Klage gegen zwei Papierhersteller in Humboldt County zu führen, die die Surfreviere in Nordkalifornien verschmutzten. *Surfrider* wurde bei der Klage schließlich von der EPA unterstützt (es gab mehr als 40.000 nachgewiesene Vergehen gegen den Clean Water Act, begangen durch Fabriken, die von *Lousiana Pacific* und *Simpson Paper Co.* betrieben wurden) und gewann 1991 diesen Fall. Es war der zweitgrößte Umweltfall in der amerikanischen Justizgeschichte. „Die Papierhersteller versuchten, *Surfrider* zu kaufen", berichtet Hening. „Sie fragten uns: ‚Was kostet es, damit ihr aufhört?' Wir sagten denen:

‚Wir wollen sauberes Wasser', und sie meinten: ‚Sicher, aber jetzt mal ehrlich, wieviel Geld wollt ihr, damit ihr eure Klage zurückzieht?' Und wir erwiderten: ‚Wir wollen sauberes Wasser.'"

Dieser und weitere Erfolge (sie stoppten den Bau von Wellenbrechern in Bolsa Chica, Seal Beach und Imperial Beach in Kalifornien; sie bewahrten die natürliche Küstenlandschaft an den Outer Banks in Nord-Carolina) brachten *Surfrider* eine Menge Aufmerksamkeit. Inzwischen sind auch viele Nicht-Surfer der Organisation beigetreten. 1995 spendeten der Surfer Eddie Vetter und seine Band *Pearl Jam Surfrider* 50.000 Dollar. 1996 überwies John Densmore von den *Doors* 15.000 Dollar. Weitere Finanzgeber waren das Magazin *Rolling Stone*, MTV (jeweils 50.000 Dollar), die *Surf Industries Manufacturing Association* (SIMA), *Interscope*- und *Surfdog Records* (jeweils 100.000 Dollar), die Zeitschrift *Wired* und eine große Zahl anderer Firmen und Einzelpersonen. Beiratsmitglieder waren Chouinard von *Patagonia,* die Schauspieler Woody Harrelson und Gregory Harrison, die *Beach Boys* und Mati Waiya, ein Vertreter der Chumash, der Eingeborenen Malibus.

1996 produzierte *Surfrider* zusammen mit *Surfdog Records* eine CD mit dem Titel *MOM* (Music for Our Mother Ocean). Dieses Projekt brachte der Organisation mehr als 200.000 Dollar ein. Auf der zweiten *MOM*-CD von 1997 wird Dick Dales *Miserlou '97* besonders herausgestellt.

1997 hatte die gemeinnützige Umweltorganisation *Surfrider* 25.000 Mitglieder in 33 Niederlassungen in den Vereinigten Staaten und Puerto Rico, sowie Zweigorganisationen in sechs anderen Ländern, darunter Frankreich.

DIESE DOPPELSEITE:
Tom Curren führt eine Demonstration von paddelnden Surfern im verschmutzten Adour in Frankreich an.

© Time Inc. Photo: George Skadding

Seit den 40er Jahren gehörte das Hawaiihemd zu Hawaii wie die Ukulele. Der amerikanische Präsident Harry Truman zeigte sich stolz in einem zerknitterten Hawaiihemd auf dem Titelbild der Zeitschrift *Life*. Auch Elvis trug solch ein Hemd in dem Film *Blue Hawaii*. Eine interessante Notiz am Rande: Der hawaiische Künstler Keoni (John Miggs) baute 1950 ein hölzernes hawaiisches „Surfbrett für Kinder" – wie er es nannte –, ein 4,5 Fuß langes Brett mit Rädern. Ein Mann, der seiner Zeit tatsächlich voraus war!

HAWAIIAN ISLAND CREATIONS
ENJOY THE RIDE

SURFBEKLEIDUNG UND KULTURSCHOCK

Die Surfmode kam auf, als Surfer aus Hawaii exotische Hemden und später auch Shorts nach Hause mitbrachten. Eigentlich war außerhalb Hawaiis das Surfen selbst schon exotisch. In den Jahren vor dem Zweiten Weltkrieg war es außergewöhnlich, dann in den 50er und 60er Jahren wurde es in Kalifornien langsam alltäglich. Aber das Surfen findet immer auf der offenen See statt, während sich das kulturelle Leben vorwiegend am Strand abspielt.

Vorläufer des Hawaiihemdes war die handbemalte Bekleidung aus *tapa*-Stoff (Borkenstoff) aus dem frühen 19. Jahrhundert (eigentlich handelte es sich hierbei um eine Kombination aus dem „Tausendmeilenhemd" der amerikanischen Pioniere und dem japanischen Arbeitshemd, das auf den Inseln als *palaka* bezeichnet wird). Später folgten Hemden aus Seide, Baumwolle und Rayon, die in den 20er und 30er Jahren für Touristen entworfen wurden. Damit läutete das Hawaiihemd den Sieg der polynesischen Surfmode über den seriösen, europäisch beeinflußten Kleidungsstil auf dem Festland ein. Aus den exquisiten Blumenmustern von Musa-Shiya (dem Hemdenmacher von *Shoten*), Elsie Das (*Hawaiian Originals*), John Miggs (alias Keoni von Hawaii) und anderen entstand eine ganze Industrie. Die ersten Firmen, die sich als Kapitalgesellschaften eintragen ließen, waren *Kamehameha Garment Company Ltd.* und *Branfleet.* Das „Ananas-Tweed"-Hemd von Kahala war in den 30er Jahren besonders beliebt. Duke Kahanamoku trug das Hemd mit dem königlichen hawai-

ischen Wappen und unterstützte das Motto: „Das Leben der Erde wird durch Rechtschaffenheit bewahrt.“ Pro verkauftem Stück erhielt er eine Provision von 50 Cents, dies machte ihn zum ersten von einem Sportbekleidungshersteller gesponserten Surfer. Die Hemden wurden von bekannten Persönlichkeiten, die sie trugen, populär gemacht. Unter ihnen befanden sich die Hollywood-Surfer Richard Boone und Peter Lawford, die 1947 zusammen mit Duke Kahanamoku in Waikiki posierten, Harry Truman, der 1951 im Hawaiihemd auf der Titelseite von *Life* erschien, Montgomery Clift 1953 in *From Here to Eternity*, Arthur Godfrey in seiner TV-Show Mitte der 50er, und Elvis Presley in *Blue Hawaii* 1963.

Hawaiihemden wurden zur Basis für den Surferlook. Zusammen mit den klassischen M.-Niis-Surfshorts der 50er Jahre legten sie den Grundstein für eine Sportbekleidungsindustrie, die heute mehrere Milliarden Dollar jährlich umsetzt. Nachdem der Surferstil Anfang der 60er Jahre ganz groß herauskam, wurde dieser Erfolg von den schrilleren Ausdrucksformen der Hippies in den 60ern noch in den Schatten gestellt, bevor ihn die konservative Gegenbewegung der 70er Jahre als ausgesprochen kitschig ansah. Zu dieser Zeit paßten sich Surfer, vor allem in Kalifornien, den Farben von Seehunden oder Delphinen an, trugen schwarze Gummianzüge und surften auf einfarbigen, schlichten Brettern. Aber dieser Trend hielt nicht lange an, denn so vieles am Surfen war nicht einfach nur das Gleiten auf den Wellen. Es war Lebensgefühl und einfach Mode.

Ende der 80er Jahre wurde das Surfen wieder zur Trendsportart und entfachte in ganz Amerika ein Stilbewußtsein wie niemals zuvor. Weltweit wurden Surfen, Skateboarden und das neuartige Snowboarden modern, was den Einfluß noch zusätzlich verstärkte. Feist und selbstgefällig geworden, warben die etablierteren Surfbekleidungshäuser immer selbstbewußter. „Wenn du nicht surfst, fang auch nicht damit an“, lautete der gebieterische Vorschlag am Anfang einer doppelseitigen Anzeige von *Gotcha.* „Wenn du schon surfst, hör niemals damit auf“, riet man auf der zweiten Seite. „Angriff auf die Welle!“ „Surfen bis zum Abwinken!“ „Zukunftsschock“, schrie es einem von Plakatwänden entgegen.

Während alteingesessene Surfbekleidungshersteller, die die 70er und 80er Jahre überlebt hatten, den lange erhofften Lohn für ihre Ausdauer kassieren wollten, stürzte sich eine Flut neuer Firmen in den Kampf. Die Surfzeitschriften wurden immer dicker und umfaßten jetzt pro Ausgabe mehr als 200 Seiten (verglichen mit etwa 100 in den 70er Jahren und nur wenig mehr Anfang der 80er). Große Warenhäuser rissen sich die Spitzenmarken der Surfbekleidung unter den Nagel, und es wurde produziert und gekauft wie nie zuvor. In ganz Amerika (und wenig später auf der ganzen Welt) sah man plötzlich die Jugendlichen in Kleidung von *Gotcha, Stüssy, Rusty, Quiksilver* und *Life's A Beach* herumlaufen.

„Surfen ist Leben, alles andere ist nebensächlich“, brachte eine Anzeige für *Instinct* die Sache auf den Punkt, und der Rest der Welt begann langsam, die Metapher zu verstehen.

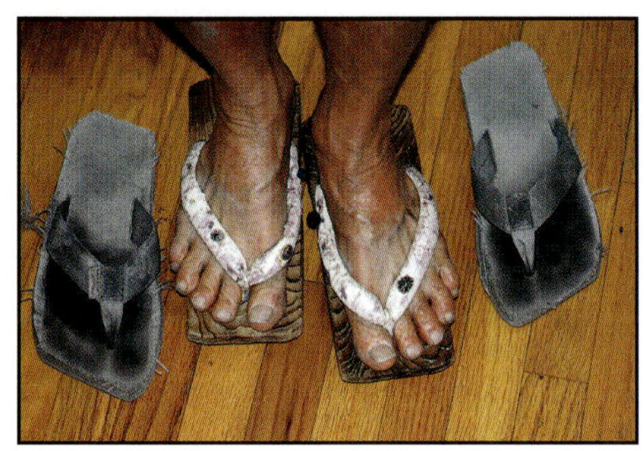

Es muß etwas mit dem Surfen auf sich haben, daß dieser Sport, wie kein anderer gleichermaßen die Kreativen, Sonderlinge und Ungeübten anzieht.

GANZ OBEN: **Die Bilder von Rick Rietveld fangen dieses Gefühl ein.**

OBEN: **Die Füße von Surfveteran Mickey Muñoz mit „formellen“ und „informellen“ Schlappen.**

LINKS: **Invasion der Sticker, Newport Wedge, 1987.**

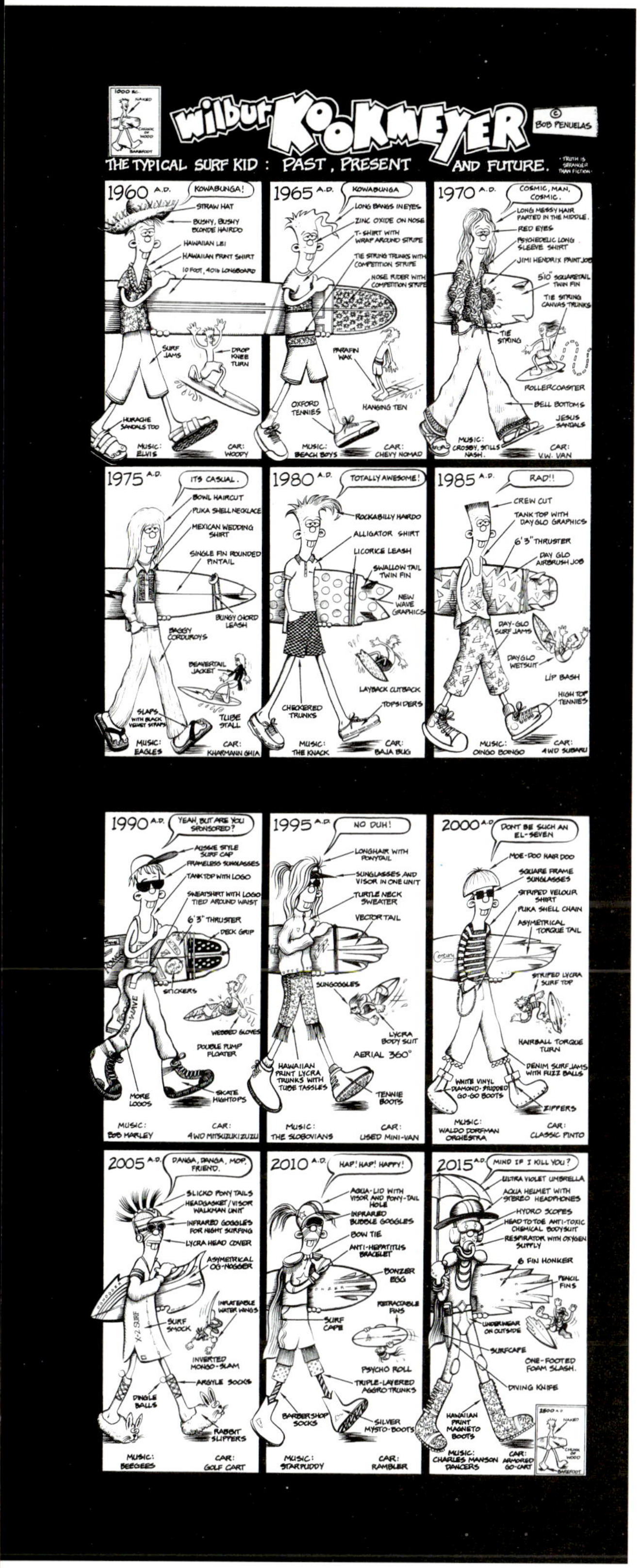

Dutzende von Surfboardproduzenten (sowie Hersteller von Skate- und Snowboards) nutzten die Gelegenheit und beeilten sich, ihre Fabrikation noch rechtzeitig auf Kleidung zu verlagern, um aus dem Boom Kapital zu schlagen. *Jimmy'Z, Billabong, Surf Fetish, Cruz, Pure Juice, Spot Sport European Beach, No Fear, Airwalk, Kozmik, Town & Country, Ooh Mau Mao, Maui and Sons, Local Motion, Mossimo, Island Magic, Island Scene*, und und und ... es gab buchstäblich Hunderte von ihnen.

1990 kam der neue Film von Bill Delaney (*Free Ride*) heraus, *Surfers: The Movie*, und wurde von der Surfpresse begeistert aufgenommen. Aber der Film, der „dem Phänomen des Surfmovie zu einem Comeback verhelfen" sollte, erfüllte die Erwartungen des Produzenten, Michael Tomson von *Gotcha*, nicht. Dies lag vor allem am Surfvideo-Markt, der gerade so richtig ins Rollen kam. *Surfers* war allerdings der geeignete Titel, denn die Wellenreiter waren nun überall gefragt. Der hünenhafte Hawaiianer Vince Klyn, der wettergegerbte Nat Young aus Australien, der durchgestylte Insulaner Buzzy Kerbox, der feurige Weltmeister Tom Curren und Dutzende andere Surfer, die dem typischen Image entsprachen, waren ausgesprochen begehrt für die prestigeträchtigen Modeaufnahmen in Hollywood, New York City oder „vor Ort".

„COOL-SEIN" IST KULT

In einer Welt, in der „Cool-Sein" zunehmend alles bedeutete, war Surfen jetzt der Trend. Selbstredend wollten die Kommerz-Vampire ihre Zähne in diese große, pulsierende Ader schlagen. Überall herrschte rege Nachfrage nach allem, was mit Surfen zu tun hatte. Im *New Yorker* erschien ein großer zweiteiliger Artikel über das Leben und die Zeit des Surfers und Mitgründers der *Surfer's Medical Association*, Dr. Mark Renneker aus San Francisco. Der Artikel räumte mit allen Klischees auf. Unterdessen führte Christian Fletcher die drei großen

Brettsportarten zu einer neuen Synthese zusammen, die den subkulturellen Charakter von allen dreien für immer verändern sollte. Inmitten der Hektik der späten 80er Jahre beschrieb Nat Young für das Magazin *Surfing* den Zeitgeist: „Surfen ist als Kult vermarktet worden, und es ist tatsächlich ein Kult. Ich mache diese Stammesgeschichte schon ziemlich lange mit. Als eingeschworene Gemeinschaft sind alle Surfer auf etwas aus, wovon der normale Mann auf der Straße keinen blassen Schimmer hat. Mittlerweile werden Surfer sogar anerkannt – etwas, wofür sich viele Menschen enorm eingesetzt haben, und das ist wirklich stark. Aber wir *wissen,* daß wir anders sind." [*Surfers*, November 1989]

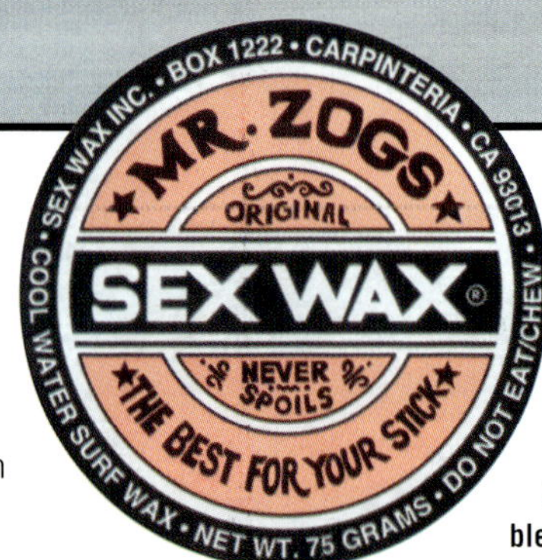

Je mehr sich die Dinge ändern, desto mehr bleiben sie, wie sie sind.

GEGENÜBERLIEGENDE SEITE: **Ob nun besser oder schlechter: Bob Penuelas *Wilbur Kookmeyer* wurde zum *Murphy* der 90er Jahre. Danny Kwock** (GEGENÜBERLIEGENDE SEITE, RECHTS)**, der zukünftige Chef von *Quiksilver*, und die Kids von Newport setzten durch ihre farbenfrohe Ausrüstung die südkalifornische Surfszene Mitte der 80er Jahre wieder ins rechte Licht.**

OBEN: **Whitey Harrisons Enkelin Coco warb für die Rückbesinnung auf alte Zeiten. Eine Bewegung, die die Preise in den 90er Jahren in die Höhe schnellen ließ.**

Weil Surfen jetzt im höchsten Maß zur Pop-Kultur gehörte, paßte es die eigene Kultur auf pragmatische Weise entsprechend an. Die Zeitschriften, vor allem *Surfing,* stimmten ihre Marketingstrategien auf die primäre Zielgruppe der Bekleidungsindustrie ab – männliche Jugendliche zwischen 12 und 18 Jahren. *Surfer* brachte 1989 *Beach Culture* heraus, eine Zeitschrift, in der die neueste Surfermode vorgestellt wurde.

Trotz des Einbruchs auf dem Surfmarkt Anfang der 90er Jahre, erholte er sich zwischen 1994 und 1996 wieder zusehends. Die in den 70er Jahren von jungen Unternehmern gegründeten kleinen Surfsportausrüster waren inzwischen alles andere als klein. *Quiksilver* hatte 1995 einen Umsatz von 150 Millionen Dollar, *No Fear* und *Op* machten einen Sprung auf über 120 Millionen. *Gotcha*, der einstige Marktführer, brachte es wieder auf respektable 60 Millionen, und *Rusty* überschritt die 40-Millionen-Grenze. *Billabong,* mit 50 Millionen Bruttoumsatz im Jahr 1997 zählte zu den Firmen, die neue, reißverschlußlose Neoprenanzüge verkauften. Diese waren durch Verbesserungen in der Schaumstofftechnik möglich geworden, daher war das Unternehmen eines von ungefähr einem Dutzend, das sich ein Team aus den besten Profi-Surfern der ASP (und anderer Organisationen) leisten konnte.

Auch die Läden für Surfzubehör hatten ihre Anfänge in billigen Geschäftsvierteln weit hinter sich gelassen. In den 80er und 90er Jahren waren es professionell geführte Lifestyle-

Das große Geld

Die Sportbekleidungsfirmen investierten immer mehr Geld in den Surfsport, was den Athleten, die gesponsert wurden, zugute kam. Es war ein Traum, dem seit den Zeiten der „Bronzenen Australier“ und auch schon davor nachgejagt wurde. Corky Carroll gab 1965, als er zu Hobies Team gehörte, auf seiner Steuererklärung „Profisurfer“ als Beruf an. Er behauptet jedoch, nie mehr als 40.000 Dollar pro Jahr verdient zu haben, auch nicht 1968, als er am berühmtesten war (er hat immer noch einen hohen Bekanntheitsgrad, das resultiert aber eher aus seinen Werbeauftritten für die Biermarke *Bud Lite* in den 80er Jahren... und vielleicht auch aus der LP *Surfer for President* von 1980). Auch der Spitzensurfer Joey Cabell verdiente eine Menge Geld, allerdings als Gründer einer Restaurantkette. Obwohl der viermalige Weltmeister Mark Richards 1979 von dem Starfotografen Norman Seeff auf dem Sunset Boulevard für die Titelseite von *Surfing* fotografiert wurde und reichlich protzig in seinen silberfarbenen Porsche aussah, verdiente er nur einen Bruchteil dessen, was Surfer 1995 kassierten. Der ehemalige Chefredakteur von *Surfing*, Chris Carter, verdiente auch ganz gut, allerdings als Erfinder und Produzent der Fernsehserie *The X-Files* und anderer Projekte für das Fernsehen. In den 90er Jahren ließen sich die erfolgreichen Surfbekleidungsfirmen ihre Stars 250.000 Dollar kosten. Eine Entlohnung, die laut Michael Tomson von *Gotcha* in Ordnung sei. Zu dem Reporter Matt Warshaw sagte er einmal: „Ich glaube, daß 50 Prozent der Werbung totale Geldverschwendung sind – es weiß bloß niemand, welche 50 Prozent.“ [„Green on Blue“, *The Surfer's Journal,* Herbst 1996]

Das Surfen machte Fortschritte, und die Spitzenleute begannen, neue Ideen zu entwickeln. Corky Caroll (OBEN) präsentierte sich als gitarrespielender, singender, biertrinkender „Surfer for President“. Gerry Lopez wurde Geschäftsführer von *Lightning Bolt* und Mark Richards (GEGENÜBERLIEGENDE SEITE) fuhr in seinem silberfarbenen Porsche 911 die Ostküste Australiens rauf und runter. Er demonstrierte damit allen, daß die Professionalisierung des Surfens begonnen hatte.

Betriebe, die selbst den größten Ramsch noch als letzten Schrei verkauften. Die gnadenlose Vermarktung des Surfens hatte jedoch schon Jahrzehnte früher eingesetzt. War in den 50er Jahren das altbekannte *Parawax* noch gut genug für die Bretthaftung gewesen, so wurde es in den 60ern zu *Surf Research's Waxmate*, in den 70ern hieß es dann *Dr. Zog's Sex Wax* und wurde 1990 schließlich unter dem Namen *Big Pecker Surf Wax* verkauft. Aber da klebten die meisten Kids sowieso schon *AstroDeck* oder ähnliche Haftpolster auf ihre Boards, um den Aufprall nach Manövern in der Luft zu dämpfen. Neoprenoberteile und -kombis aus den frühen 60er Jahren hatten einen sehr anspruchsvollen Markt für Neoprenanzüge ausgelöst. Neue Anzüge waren den Modellen von vor zehn Jahren um Lichtjahre voraus – leichter, flexibler, wärmer –, was das Surfen erheblich erleichterte. Auch Sonnenbrillen sind heute eine weite Welt für sich, wobei Großhersteller *Oakley* nur einer von vielen erfolgreichen Konzernen ist.

Die sich anbahnende Flut der Surfkultur erfaßte Amerika und einen Großteil der übrigen Welt wie eine Süddünung. Laut Statistik gab es 1997 in den Vereinigten Staaten etwa zwei Millionen Surfer, denen jährlich mehr als 400.000 Surfboards und fast 600.000 Neopren-

Inspiriert durch die Sprünge der Windsurfer und Skateboarder, begannen einige Wellenreiter ebenfalls Manöver in der Luft zu entwickeln. Christian Fletcher (GEGENÜBERLIEGENDE SEITE) **im Sommer 1989 in Trestles.**

GANZ OBEN: **In Santa Cruz sind Surfwettkämpfe dank der natürlichen Tribüne vielbesuchte Veranstaltungen.**

OBEN: **Die Zeitschrift *Beach Culture* fungierte als Trendsetter, 1991.**

züge verkauft wurden. Bruce Brown tauchte wieder aus der Versenkung auf, um *Endless Summer II* zu drehen. Darin stellte er durch seine beiden Hauptdarsteller, Pat O'Connell, ein 20jähriges Shortboard-Talent, und Robert „Wingnut" Weaver, einen begabten Longboarder von 26 Jahren, die zeitgenössischen Strömungen einander gegenüber. Der Filmkritiker Roger Ebert begeisterte sich in der *Chicago Sun-Times:* „Der Film enthält wunderbare Aufnahmen. Schon gleich zu Beginn sehen wir atemberaubende Bilder von Wellen und Surfern. Manchmal geht die Kamera sogar mit in die Tube, so daß wir hautnah dabei sind, wenn die Welle über dem Kopf des Surfers zusammenschlägt. So wird man wirklich ‚stoked'. Dies sind wirklich phantastische Aufnahmen. Und wir können sie sehen, wieder und wieder und wieder. Das entscheidende Wort im Titel ist ‚endless', nicht ‚summer'."

Es wird weiterhin Höhen und Tiefen geben, aber die Wurzeln dieses Sports und seine Kultur haben ihre festen Wurzeln im Küstengebiet – dort, wo die tägliche Begegnung mit Milliarden von beweglichen Elementarteilchen die Kraft hat, lethargische Opfer unserer heutigen erstarrten Gesellschaft in gesunde Menschen zu verwandeln, mit einem historischen Erbe und einem Funkeln in den Augen.

OBEN: **Die Abgrenzung der eigenen Surfreviere geschieht in der Regel draußen auf dem Wasser, teilweise aber auch an Land.**

GEGENÜBERLIEGENDE SEITE: **Der Kampfplatz und die Hackordnung.**

RECHTS: **Ungewöhnliches Auftreten und ein freches, breites Grinsen machen sich oft bezahlt – das trifft zumindest auf den Fletcherclan zu (Christian, Herbie, Nathan und Debbee).**

FOLGENDE DOPPELSEITE: **Vom Anfänger zum Star – wer hätte vorhersagen können (damals 1987, als dieses Foto aufgenommen wurde), daß einer dieser talentierten kleinen Surfer einmal zum erfolgreichsten Profisurfer aller Zeiten werden sollte? Von links nach rechts: Mattie Liu, Sean Slater, Walt Cerney, Shane Dorian und Kelly Slater.**

OAKLEY
BILLABONG

MATT KECHELE SURFBOARDS

Die Kraft und der Hai

Einer der prägnantesten Aphorismen aus der Welt des Surfens lautet: „Wellen werden in Stufen der Angst gemessen". Der Reiz und die Gefahr beim Reiten einer großen Welle sind die Eckpfeiler des Surfsports. Allgemein gilt, je besser ein Surfer wird, desto größer und gewaltiger sind die Wellen, die er sucht. Letztlich kann das einen Menschen ganz nahe an den Rand des physisch Machbaren bringen. Ein Surfer verfügt vielleicht über das Können, die Technik und die Kraft, eine zehn Meter hohe Welle zu reiten – aber was passiert, wenn ihm dabei ein Fehler unterläuft?

Den Tod durch Ertrinken hat ein Surfer stets im Hinterkopf. Man ist weit draußen im Meer, hat vielleicht sein Brett verloren, friert und ist völlig erschöpft. Natürlich, selbst wenn die Wellen nicht lebensbedrohlich sind, gibt es immer diese winzigkleine Möglichkeit einer Begegnung mit... dem Herren der Meere, dem Mann im grauen Anzug. Auch wenn es seit 1970 in Kalifornien nur etwa 30 Angriffe von Haien auf Surfer gab, sind viele nur knapp entkommen, und allein der Gedanke an so ein Zusammentreffen reicht aus, um sich die schlimmsten Szenarien auszumalen.

Näher, mein Gott, zu dir: Surfen ist eine „Rand"-Sportart der Extreme – der Ritt am äußeren Rand einer sich brechenden Welle, am äußersten Rand der Welt, über die Ränder eines scharfen Korallenriffs und im Hinterkopf immer das Bewußtsein, daß man jederzeit einen Besuch vom Herren der Meere erhalten könnte.

LINKS: Ausstieg aus Pipeline.

OBEN: Graffiti an der Wand des Frog House in Newport.

AL MERRICK

SURFEN HEUTE

„Mittlerweile ist es ein demographisches Phänomen, das in die Jahre gekommen ist. Man blickt zurück und romantisiert seine Jugend. Mit all den Erinnerungsstücken und dem anderen Zeug heutzutage ist es definitiv kein bloßes Spiel mehr – es ist ein Markt, eine Industrie. Er sorgt für einen Umsatz von 5,5 Millionen Dollar, es gibt Bücher, es gibt Autoren, es gibt Zeitschriften – mein Gott! – er hat eine Geschichte."

Steve Pezman, Herausgeber von *The Surfer's Journal,* Interview von 1997

Surfen ist die ultimative Metapher für das Leben. Das Leben ist wie eine Welle, und die Lebenseinstellung des einzelnen ist sein Surfbrett. Eine Situation kommt z.B. auf einen zu wie eine Welle, und man selbst ist der Surfer. Man kann nicht handeln, bevor sich die Situation nicht voll entwickelt hat, und man kann nichts mehr tun, nachdem sie an einem vorbeigezogen ist. Nur auf dem Höhepunkt jenes Moments, in dem sich die ganze Energie bündelt, kann man eingreifen. Diese Metapher läßt sich auf jeder Ebene und für jeden Stil anwenden. Man kann aggressiv oder mit absolut freiem Geist surfen. Man kann sich verausgaben und Stunde um Stunde an die eigenen Grenzen gehen, oder man kann es zu einer beglückenden sinnlichen Erfahrung machen.

Als die Begründer des Cyberspace begannen, vom „Surfen im Web" zu reden, wurde das kollektiv Unbewußte im großen Rahmen freigesetzt.

Kaum etwas ist so auffallend gegensätzlich wie Land und Meer.

GEGENÜBERLIEGENDE SEITE: **Aus dem Wasser hinein in die Arme der bewundernden Fans. Der gefeierte Slater watet nach einem Wettkampf in Huntington in seichterem Wasser an den Strand.**

OBEN: **Die Stille der Delphine – Mark Cunningham, der Rettungsschwimmer und hervorragende Bodysurfer von der North Shore.**

Am Vorabend der Jahrtausendwende begegnen uns überall Bilder von Surfern. In einem Fernsehwerbespot erscheint eine coole Band aus Longboardprofis in dreiteiligen Business-Anzügen und mit Attachékoffern, die auf der Wallstreet auf einer wunderbar heranrollenden Welle aus Pflastersteinen und Asphalt reitet. In den frühen 90er Jahren startete *Esquire* eine Fotokampagne mit Geschäftsführern in Neoprenanzügen („Chairmen of the Board" und „Surfing MBAs") unter der Schlagzeile „Willkommen, Kreidemenschen, in der coolsten Szene von Amerika" (Kreidemenschen sind alle nichtsurfenden, blassen Zeitgenossen aus dem Hinterland). Kelly Slater, vierfacher Weltmeister und kurzzeitig Fernsehstar in *Baywatch*, zog auf der Titelseite der Zeitschrift *Interview* unter einem weißen Stetson einen Schmollmund, und

Immer mehr Surfer rüsten sich mit technologischem Spielzeug aus, das man braucht, um sich gegenseitig in die gigantischen Wellen zu ziehen, die sich vor der hawaiischen Küste am äußeren Riff brechen. Das ist die Maui JATO (jet-assisted take-off) Crew, darunter Laird Hamilton, Gerry Lopez und einige Windsurfer, die Appetit auf einen Ritt in den riesigen Wellen bei Jaws bekommen haben, dem berühmtesten Strapsurfing-Revier.

GEGENÜBERLIEGENDE SEITE: **Das neue Image des Surfsports – Slater auf dem Titelblatt von *Interview*.**

Baywatch ist die wohl populärste, kommerziell aufgezogene Fernsehsendung der Welt. Auch Daniel Duanes *Caught Inside: A Surfer's Year on the California Coast*, Kem Nunns *The Dogs of Winter* und Richard Nelsons *The Island Within* wurden vom Publikum begeistert aufgenommen, sie brachten die Surfkultur in die amerikanischen Buchläden.

BIS AN DIE GRENZEN

Der Unterschied zwischen Cybersurfern und echten Surfern ist offensichtlich. Man paddelt raus und geht aufs Ganze. Eine große Welle rollt heran, der Kick beginnt. Der ganze Körper schmerzt, auch das ist ein Kick. Man ist fast einen Kilometer weit draußen auf dem Meer und sieht an der immer weiter anschwellenden Wand einer echten 12-Meter-Welle herunter, der Wind bläst so stark, daß einem die Wangen flattern, die Gischt spritzt nur so ins Gesicht, und dann geht man über die Lippe ins Nichts ... – das ist der absolute Kick. Im Grunde genommen ist man schwerelos, aber die Füße wurden bereits aus den Riemen gerissen. Dann fällt man wirklich, unter dem Strahl, herumgewirbelt, herabstürzend, wie betäubt, bis einem schwarz vor Augen wird und man schließlich irgendwie die Oberfläche durchstößt, einen gierigen Zug sauerstoffhaltigen Schaums inhaliert und das näherkommende Röhren hört. Dann

Surfen im Internet

Die Suchmachine *Yahoo!* stieß kürzlich bei der Suche nach dem Begriff „surf" auf 25 Kategorien und 1163 Websites.

Dazu gehörten: „Post-punk power pop trio" Nada Surf; Club Ed: the Surf Coaching Professionals aus Santa Cruz in Kalifornien; Surf Gate („Das Ziel dieser Homepage ist es, Gemeindekirchen und anderen christlichen Organisationen eine Präsenz im Internet zu verschaffen."); Surf Flite („Hersteller von Skysurfing Boards und Wakeboards; wir haben Lehrer, die Sie in diese beiden Disziplinen einführen"); Surf Sites for Cyber-Biologists („umfassende, aber nicht überwältigende Auswahl, nützlich für neueinsteigende Cyber-Biologen, die sich im Netz nach biologischen Themenbereichen umsehen wollen"); Yahoo! Surf Shop (Verkauf von T-Shirts und anderen Produkten); Frank Sussman Co. („Für Leute mit hohem Standard, die verrückt sind nach Action, süchtig nach Komfort und ein Auge für Mode haben, präsentieren wir die RISE-Kollektion von Surfbekleidung. Die richtige Freizeitbekleidung für alle Situationen!"); *Yahoo!s* eigene Surf School (mit den Themen „Wie geht Surfen?", „Surf Guru", „Surf Lingo" und „Surf Stories", nichts davon hat etwas mit Wasser zu tun); Big Surf Cyber Cafe („zu finden in der realen als auch der virtuellen Wirklichkeit. Erfrischungen, ein

Dutzend Computer, sowohl Macs als auch PCs und dazu einen T1-Server. Unterhaltung und Einkaufen"); Ready, Aim, Surf („professionelle Links für Bibliothekare"); Surf Cincinnati Waterpark („über zehn Wasserrutschen und andere Attraktionen. Harbor-Club-Räume für Festlichkeiten, Minigolf, Go-Kart-Rennstrecke und Bumperboat-Fahrten"); Shrank („kostenloses Web-zine zu den Themen Surfen, Skaten, Schnee, Musik und Sex. Die heißesten Stripperinnen, Surfer und vieles mehr."); M.I.R.V. („San Franciscos industrielle Surf Opera Band auf Poisen Eye Records"); Blues Crazy Moon and the Sun Worshippers („vom Blues beeinflußte Surf-a-billy Musik, die Sie sanft in den Ohren kitzeln wird"); Smooths („besuchen Sie die Homepage der Smooths, einer Band, in deren Musik Ska, Surf-Punk und Discomusik zusammenfließen"); Surfing the Self („individuelle Online-Beratung von zwei Psychologen"); Surf Touch Software („produziert Touchscreen Webbrowser und andere Touchscreen Internet-Anwendungen wie Surf Cash") und so weiter. Einige hundert Homepages behandeln auch das Thema Wellenreiten. Dies ist die umwälzendste technologische Entwicklung seit langer Zeit, und die Begriffe kommen aus der Surfsprache. Laßt uns surfen! Klick-klick.

sieht man, wie die nächste Monsterwand sich vor einem aufbäumt, der obere Rand verwandelt sich bereits in weiße schäumende Lippe, und man dreht sich um und sieht den *WaveRunner*™ an sich vorbeisausen, mit dem Partner, der einem ein Seil zuwirft. Man ergreift es und klammert sich daran, während er Vollgas gibt, einen hinter sich herschleift, um gerade noch rechtzeitig über die Schulter einer gigantischen Welle zu springen. Das ist ein guter *Wipe-out*, Surfen im Schlepptau ganz im Stil des Tow-in- und Strapsurfen.

Die großen Wellen gehören schon lange zu den besonderen Anziehungspunkten der Inseln von Hawaii. Aber diese Herausforderung, verbunden mit dem öffentlichen Interesse in letzter Zeit, ließ die Zahl der Surfer und damit die Gefahren stetig anwachsen. Ein neuentdeckter Big-Wave-Spot in Baja, Todos Santos, zog seit den späten 80er Jahren Liebhaber großer Wellen in seinen Bann, aber selbst Todos war an den besten Tagen bald überfüllt. Unterdessen surfte der Nordkalifornier Jeff Clark über mehrere Jahre hinweg hoch oben im Land des kalten Wassers allein die gigantischen Peaks am Pillar Point, bevor einige Freunde es wagten,

Die neu erwachte Faszination, große Wellen zu reiten, hat ihre Risiken.

BILDFOLGE: **Mark Foos letzte Welle bei Mavericks. Sie war tödlich für ihn.**

UNTEN: **Donnie Solomon fand den Tod in Waimea, 1995.**

RECHTS: **Einer der Pioniere des Riffsurfens, Alec Cooke (oder Ace Cool), entkam einige Jahre vorher nur knapp dem Tod.**

sich ihm anzuschließen. Dann hieß es, die Wellen seien stärker als die in Waimea. Also mußten die Fans großer Wellen selber anreisen, um sich davon zu überzeugen. So kam es, daß der hervorragende Surfer Mark Foo, nachdem er viele Jahre lang gigantische Wellen an der North Shore (darunter eine historische Close-out-Welle von 14 Metern in der Bay) überlebt hatte, nach dem Sturz von der Wand einer nicht einmal sechs Meter hohen Welle in Mavericks (am 23. Dezember 1994) ein paar Stunden später am Ende seines Leash hängend ertrunken aufgefunden wurde. Dutzende und größere Wellen – geritten von unerfahreneren Surfern – rollten vorüber, während Foo, der erst in der Nacht zuvor von Hawaii aus herübergeflogen war, im kalten grünen Wasser trieb. Er starb, während er das tat, was er am meisten liebte.

Weil immer mehr Surfer sich auf immer größere Wellen wagen, gerät die ganze Sache allmählich in jenen gespenstischen Bereich, den man „Statistik" nennt. Man kennt das ja: „Wenn 1000 Surfer auf 100.000 Wellen von über sechs Metern Höhe reiten, stehen die Chancen fifty-fifty, daß 0,2 Prozent von ihnen ertrinken. Wenn die Wellen acht Meter hoch sind, ertrinken 0,8 Prozent." usw., usw. Als der erfahrene Big-Wave-Surfer Donnie Solomon auf den Tag und die Stunde genau ein Jahr nach Foo in Waimea starb, hatte das etwas Unheimliches. Und als der 28jährige Veteran der North Shore, der großherzige Todd Chesser, am 13. Februar 1997 in Outside Alligators (bei Waimea), von einer großen Wellenserie gefangen und niedergehalten, ertrank, schien dies auf ominöse Weise die Statistik zu bestätigen.

„In den letzten Jahren fand Chesser es immer schwieriger, den vielen anderen einen Schritt voraus zu bleiben," schrieb der Reporter des *Surfer*, Ben Marcus, in seinem Artikel über das Unglück, „und er beobachtete mit wachsender Besorgnis, wie seine fruchtbaren Jagdgründe, die äußeren Riffe, vor ernstzunehmenden Big-Wave-Surfern und Möchtegerns in deren Schlepptau nur so wimmelten. Im letzten Jahr hatte Chesser sogar das Undenkbare in Betracht gezogen: für immer vom North Shore wegzuziehen. Er war mit einem Mädchen aus Kalifornien verlobt und freute sich auf ein normales Leben auf dem Festland. Ein paar Tage

Die ganz großen Wellen und die, die sich an den vorgelagerten Riffen brechen, haben schon ein anderes Kaliber – sie sind bei weitem kraftvoller und größer als beispielsweise die spielerischen Hotdog-Wellen Malibus.

UNTEN: **Derrick Doerner bekommt große Augen, als eine riesige Welle in Waimea zu brechen beginnt.**

GEGENÜBERLIEGENDE SEITE: **Dave Kalama auf einem *SeaDoo* hat gerade Laird Hamilton in diese Welle bei Jaws gezogen und rast zu einer rettenden Position.**

FOLGENDE DOPPELSEITE: **Laird Hamilton beim Strapsurfen bei Jaws. Das ist wahrlich eine Vorführung der Extreme.**

nach seiner traumatischen Erfahrung mit Chesser hatte Cody Graham ein für allemal genug: ‚Für mich ist's vorbei. Ich hör' auf. An jenem Tag hab' ich mein Big-Wave-Brett einfach am Strand liegen lassen und bin weggegangen. Todd Chesser war einer der fittesten Männer an der North Shore. Ich weiß nicht, warum er ertrunken ist, und ich nicht. Ich hör' auf.'

„Ich glaube, daß sie sich in Wellen ziehen lassen, die größer sind, als daß ein Mensch sie überleben könnte", sagt John Severson. „Viele werden noch sterben. Alles hat seine Grenzen, auch wenn man noch so gut drauf ist ... Doch ich weiß auch, daß es einfach unglaublich ist! Eine dieser großen Wellen herunterzukommen und zu sehen, wie die Wand sich vor einem aufbaut, den Himmel verdunkelt ... sich überschlägt! Aber man hat keine Wahl, wenn man einen Fehler macht, kann es einen das Leben kosten."

Der Verfall der Surfkultur ist ein beunruhigendes Anzeichen für Probleme im Wesen des Sports. Dennoch gibt es weltweit weiterhin einen harten Kern von Surfern, deren grundlegende Verbundenheit mit den Wellen und untereinander noch grundsätzlich intakt ist.

SURF-IMPRESSIONEN

Eine Subkultur definiert sich teilweise durch ihre Sprache. Am Anfang war ein Gremmie noch ein Gremlin, ein schelmischer Unruhestifter. Aber dann verband sich mit dem Begriff fast schon so etwas wie ein Gemütszustand, und als der australische Einfluß von Torquay und Sydney herüberschwappte, waren es plötzlich keine Gremmies mehr, sondern Grommets. Es ist eine Sprache, die sich ständig erweitert, und zwar aus mindestens drei Gründen: erstens zur Beschreibung neuer Gebiete, zweitens zur Abgrenzung von Untergruppierungen und drittens durch den Einfluß von außen.

Surfer reden heute von *Ramps*, *Ollies*, *Shack Time*, *Schralping*, *Barneys* und benutzen ein ganzes Lexikon allgemeiner und spezifischer Begriffe. Darüber hinaus erfaßt die Sprache die Erfahrungen – die kleinen und die großen Taten, das Zubehör, das Surfbrett und die Kunst. Die Sprache beinhaltet die Bilder eines ganzen Pantheons von Fotografen, von Blake, Ball, Brown, Maki, Grannis, Stoner, Brewer, Wilkings, Divine bis hin zu vielen hundert anderen, die

In den 70er Jahren trat die vom Surfen inspirierte Kunst in das goldene Zeitalter ein.

OBEN: **John Casper demonstriert in Huntington die Kunst eines Shapers.**

RECHTS: **Das Bild *Discovery* von John Severson, dem Gründer der Zeitschrift *Surfer*, stellt die Suche nach der perfekten Welle dar.**

GEGENÜBERLIEGENDE SEITE: ***Trestles* von Ken Auster. Seine nach Fotovorlagen gemalten Aquarellbilder sind in zahlreichen *Chart House Restaurants* zu sehen.**

mit flinken Auslösefingern jeden Tag dazu beitragen, das Wörterbuch des Surfervokabulars zu erweitern. Die Sprache beinhaltet auch die Erzählungen, die Worte aller, von Cook, Mark Twain und London bis hin zu Matt Warshaw, Phil Jarratt, David Parmenter, Nat Young, Dora, Stecyk und tausend anderen.

Die Sprache spiegelt auch alle Orte, von Waikiki bis Malibu, von G-Land bis J-Bay, von Gilgo Beach bis Johanna wider. Und die Bretter: *Olo* und *Alaia*, *Planke* und *Cigar Box*, *Hot Curl* und *Malibu Chip*, *Pop-out* und *Custom*, *Elephant Gun* und *Noserider*, *Vee-Bottom und Mini-Gun, Twin-Fin* und *Thruster*, *Shortboard* und *Longboard*.

Schon immer inspirierte das Surfen eine überraschende Vielzahl von Künstlern. Angefangen mit John Severson, dessen frühe Cartoons im *Surfer* sich zu idealisierten, tropisch-psy-

OBEN: ***Surf City, Here We Come*, der kalifornische Maler Lynn Coleman verbindet Sonne, Surfen und Witz mit grellen Farben.**

VORHERIGE SEITE UND UNTEN: **Russell Crottys Zeichnungen eines *Tuberide* beschreiben in ihrer Folge wunderschön Energie und Feinheiten dieser intensiven Surferfahrung.**

GEGENÜBERLIEGENDE SEITE: ***Stoked!* von Steve Valiere erfaßt einen Moment, den jeder Surfer kennt – der erste flüchtige Blick auf die Welle.**

chedelischen Traumbildern entwickelten, über Rick Griffin, der mit seinen unglaublichen Zeichnungen auch außerhalb der Surferwelt Ruhm erlangte, bis hin zu Bill Ogden, dessen *Neo-Nouveau*-Linien und Themen der 60er Jahre Leben in die Werbung von *Surfer* brachten. Von Caroline Zimmermans stimmungsvollen Landschaften über Rich Rietvelds surreale Airbrushs bis hin zu Ken Austers *Plein-Air*-Interpretationen von klassischen Surffotos und zu Jessica Dunnes Gemälden im Stil von Hopper – die Liste ließe sich beliebig weiterführen.

Surf-Erfahrungen wirken mit Sicherheit stimulierend und beschwören eine ständige Weiterentwicklung des künstlerischen Ausdrucks sowohl für die Surfer selbst als auch für die, die ihnen nahestehen. Die Arbeiten unzähliger Künstler lassen erahnen, warum einige Surfer

damals in den 70er Jahren der Meinung waren, daß Surfen eine Kunst und kein Sport sei. Und natürlich sind da die Namen. Auch sie sind fester Bestandteil des Vokabulars: Duke, Freeth, Blake, Whitey Harrison, Hoppy Swarts, Grannis, Simmons, Quigg, Velzy, Dora, Yater, Doyle, Dewey, Lance, Corky, Butch, Wally, George (und George, weil es in der Surfkultur mindestens zwei Georges gibt), Peck, Morey, Midget, Nat, Cooper, Jacobs, Curren (der Vater und die beiden Söhne), Archy, Joyce, Joey (zwei Männer und eine Frau), Fain, The Surf Star Formerly Known As Kong, Buffalo, Rabbit, Buggs, Margo, Shaun, Owl, McTavish, RB, BK, PT, MR, Kelly und Lisa – und so weiter und so fort. Sie lesen sich wie eine Art eigentümliche Laufschrift auf dem lebendigen Ozean.

Auch wenn das Vokabular des Surfens in die Literatur und das Wissen, das in Büchern und Zeitschriften verbreitet wird, eingegangen ist, beruht die Verbreitung der Surfkultur im Grunde genommen auf mündlicher Überlieferung. Sie entwickelte sich an Stränden und draußen am Lineup, in Geschichten, die an Lagerfeuern, in Restaurants und Bars, nach anstrengenden Surfsessions oder während unerträglich langer Flauten erzählt wurden.

Surfen in den 90er Jahren hat ein so hoch entwickeltes Niveau erreicht, das Duke Kahanamoku für unglaublich gehalten hätte. Eine Vielzahl von Surfzeitschriften (zum Beispiel das elegante *Surfer's Journal*) sind zu Reiseführern für die Gemeinde der Surfer geworden. Surfcamps in heißen, tropischen Revieren (das Bild oben zeigt G-Land auf Java) geben der Surfari eine neue Qualität.

DER DERZEITIGE STAND DER KUNST

Heute gibt es sogenannte Surf Camps. Das sind spartanisch, aber komfortabel eingerichtete Zufluchtsorte in unmittelbarer Nähe der besten Wellen der Welt. Darüber hinaus gibt es neuartige Surfbretter (in erster Linie von *Patagonia* in Ventura und von *Randall French* in Santa Cruz gebaut) aus modernen Verbundmaterialien, die sich durch Langlebigkeit und Umweltverträglichkeit auszeichnen. Es finden Surfbrett-Auktionen statt, auf denen nach den alten Methoden gebaute Bretter (Longboards aus den 50er und 60er Jahren) für etwa 2000 bis 3000 Dollar verkauft werden und ein original und gut erhaltenes Hot Curl 50.000 Dollar

Es begann alles 1969 mit Big Surf in Tempe, Arizona. Heute gibt es solche „Wellenbäder" in der ganzen Welt, von denen einige so gute Wellen produzieren, daß dort Profiwettkämpfe ausgetragen werden können, wie auch hier in Allentown, Pennsylvania.

Stoke

Wellenreiten ist ein exquisites Spiel, und die Surfer, die es betreiben, tauchen in eine vollkommen andere Realität ein, in eine Wirklichkeit, die so von der eigenen Erfahrung bestimmt ist, daß Worte zwangsläufig versagen, um sie zu beschreiben. Man reitet die wirbelnden Echos der Winde und Stürme auf dem Ozean. Man vollführt einen Tanz in den wohlgeformten dreidimensionalen Spiralen eines kleinen auf der Seite liegenden Tornados – gleitet entlang der sich schließenden Wand eines Tunnels – im Herzen der Windhose. Und es macht Spaß.

Nat Young schrieb einmal: „Wenn man täglich oder zumindest regelmäßig Wellen reitet und es nur ernst genug nimmt, riskiert man, völlig surfbesessen zu werden. Aus dieser Erfahrung heraus kann man den Bezug zu jedem und allem anderen verlieren. Was bleibt, ist die Verbindung zu den Kumpels am Strand und den Kräften der Wellen und des Meeres, die auf einen wirken, ob man nun will oder nicht."

Auge in Auge mit dem Sturm und die Frisur sitzt perfekt: Ex-Weltmeister Derek Ho jagt durch die Tube an der Pipeline.

OBEN: Buttons Kaluhiokalani zeigt das Peace-Zeichen beim Herauspaddeln, 1975.

Strapsurfen

Strapsurfen (oder Tow-in-Surfen) ist die jüngste extreme Form dieses Sports. Damals in den 60er Jahren gab es die 10-Sekunden-Noserides von David Nuuhiwa; in den 70er Jahren die fünf Sekunden dauernden Tuberides von Shaun Tomson, Rabbit, Davey Miller und Lopez; seit den letzten 40 Jahren das Big-Wave-Surfen in 8-Meter-Wellen in Waimea, Makaha und der Third Reef Pipeline, betrieben von Greg Noll, Owl Chapman, Mark Richards und noch vielen anderen. Aber acht Meter schien die Grenze dessen zu sein, was ein Mensch ohne Hilfe bewältigen kann. Dies hat zu tun mit der Geschwindigkeit der Welle und der Geschwindigkeit, mit der sich Wind und Wasser an der Wellenwand nach oben bewegen, und wie schnell die Anziehungskraft einen Surfer tief ins Wellental zieht. Aber wenn man jemanden mit einem Boot oder einem von diesen einem Jet-Ski ähnlichen Fahrzeugen in so eine eigentlich nicht zu bewältigende Welle hineinzieht, hat er die nötige Geschwindigkeit, um viel früher von so einer Welle mitgenommen zu werden, nämlich dann, wenn sie noch dabei ist, sich aufzubauen. Mit JATO (jet-assisted take-off) kann man Eindruck schinden, vorausgesetzt dem Surfer unterläuft dabei kein Fehler. Er sollte nicht zu weit treiben, zu früh oder zu spät starten, oder eine Welle wählen, die einfach nicht zu bewältigen ist. Und da die Füße sicher in den Schlaufen auf dem Board stecken, kann man wie die Windsurfer über die kleinen Unebenheiten auf der Wasserwand hinwegsurfen, die sonst zu einem sicheren Sturz führen würden.

Es waren die Windsurfer, die mit dem Strapsurfen begannen. Laird Hamilton, Buzzy Kerbox und der Big-Wave-Surfer Derrick Doerner fingen damit an, sich gegenseitig mit einem *Zodiac* in die Brandung bei den der North Shore vorgelagerten Riffen zu ziehen. Dort hatten bislang nur die hervorragendsten Windsurfer wie zum Beispiel Robby Naish gesurft. Segelnd in eine Welle zu gehen, war wie hineingezogen zu werden, nur daß man beim Surfboard nicht mit dem Segel zu kämpfen hatte, sobald man in Position war. Vor Maui hatten die Windsurfer Mike Waltze, David Kalama, Rush Randle, Josh und Mark Angulo sowie Peter Cabrina begonnen, den Spot Jaws und die dort üblichen extrem hohen Wellen zu surfen. Hamilton und Kerbox wurden genau zu dem Zeitpunkt darauf aufmerksam, als Bruce Brown und seine Crew von *Endless Summer II* die Inseln erkundeten, um dort einige Szenen zu drehen. Jaws wurde so etwas wie ein neues, modernes Waimea, und Bilder von Surfern in 13-Meter-Wellen – bis dahin unmöglich – wurden fast schon alltäglich.

einbringen kann. Dale Velzy, ein typischer Vertreter der jetzt wieder gefragten alten Form, produziert 15 Bretter wöchentlich, darunter Bumpboards, Reproduktionen, einfach alles, sei es für den japanischen Markt oder für private Sammler!

Als Greg Noll nach Crescent City im Norden von Kalifornien zog, verkaufte er 50 alte Bretter für 50 Dollar das Stück. Heute, sagt er, bekäme er für jedes mindestens ein paar tausend Dollar. Neben seiner hauptberuflichen Arbeit als Fischer fertigt er gelegentlich Reproduktionen von *Olo*-Brettern für spezielle Kunden an. „Das erste war aus roter Zeder", erzählt er. „Ich habe drei Tage lang Holz heruntergeschliffen und dabei den Motor meines Elektrohobels, einer der stärksten Maschinen auf dem Markt, überhitzt. Trotzdem mußten immer noch sechs Leute anfassen, um es aufs Auto zu heben und zum Finish nach Hause zu bringen. Es hatte die gleichen Abmessungen wie ein *Olo* aus *koa*-Holz, das in einer Grabhöhle auf Kauai gefunden wurde. Dabei mußten die Hawaianer noch hoch in die Berge klettern, den Baum mit einer Steinaxt fällen, ihn mit Sand glätten und anschließend – ohne Räder! – zum Wasser heruntertransportieren."

Surfmagazine gibt es heute überall. Dutzende von Surf-Hotlines, über Telefon und über Internet, bieten auf die Minute genaue Informationen über die Wellenbedingungen in jedem gewünschten Spot der Erde und ersparen dadurch auf der Suche nach guten Wellen eine Menge Zeit. Surfline zum Beispiel bietet Infos zu etlichen Spots an allen Küsten der USA und Hawaiis; verschiedene Orte sind mit Videokameras ausgestattet, die im Minutentakt Aufnahmen von Wellen und Wetterbedingungen senden. Außerdem kann man eine Verbindung zu *WaveTrak International* herstellen, die Live-Schaltungen zu Surfberichten auf der ganzen Welt anbieten, einschließlich virtueller Echtzeitansichten von einigen berühmten Spots wie Biarritz in Frankreich, dem Strand von Narrabeen-Collaroy oder der Goldküste in Australien.

Jede Generation treibt die Entwicklung der Leistungen immer weiter. Ein großartiger Windsurfer, Laird Hamilton, war einer der ersten, die mit dem Strapsurfen experimentierten. Hier schlägt er einen Salto mit einer 360-Grad-Schraube bei Off The Wall, ein Manöver, das sich sein Vater Bill niemals hätte vorstellen können.

FOLGENDE DOPPELSEITE: **Windsurfer versuchten sich als erste an den Wellen der Riffe von Hawaii, die Wellenreiter folgten. Der wohl beste Windsurfer, Robby Naish, bei Jaws.**

Es mag einigen ironisch erscheinen, daß ausgerechnet Nat Young, der der Noseriding-Ära das Totenglöckchen geläutet und die Shortboard-Revolution vorangetrieben hatte, einer der wichtigsten Initiatoren der ASP *Professional Longboard Championships* war. Nat ist das Paradebeispiel eines Wassersportlers mit einer Bandbreite an Fertigkeiten und der Fähigkeit, für jede Situation das angemessene Sportgerät zu wählen. Und manchmal verlangt die Situation eben ein großes Surfboard.

Sogar die Surf Music feiert ein großes Comeback, obwohl die meisten Bands dieser Stilrichtung noch nie einen Ozean aus der Nähe gesehen haben.

Snowboarding, Skateboarding, Windsurfing, Drachensurfen, Strapsurfing, Wakeboarding, Skysurfing sowie andere abgeleitete Brettsportarten haben ihre Wurzeln alle im Sport der hawaiischen Könige. Es gibt Profis und Amateursurfer, die an Spots auf der ganzen Welt in Wettstreit treten. Die allermeisten Surfer nehmen allerdings nie an Wettkämpfen teil. Statt dessen suchen sie nach einsamen Orten und ertragen lieber Unannehmlichkeiten – die eisigen Gewässer der Küste von Oregon, die rauhe Abgeschiedenheit der Küste von Namibia, die lebensbedrohlichen Wellen an den äußeren Riffen vor Hawaii.

Seit dem Ende der Apartheid in Südafrika pilgern wieder Scharen von Surfern zur Jeffrey's Bay, der vielleicht großartigste Right-Hander der Welt. Surfmuseen feiern die Geschichte des Sports. Kunstgalerien und Ausstellungen sind der Surfkunst und ihren Produkten gewidmet. Es gibt Restaurants, die das Surfen thematisieren. In Woody-Klubs und auf Woody-Rallyes wird das klassische Surferauto gefeiert. Handwerker fertigen Miniaturreproduktionen von Surfboard-Klassikern und sogar Nachbildungen klassischer Strände. Es gibt einen jährlichen „Watermen's Ball" und ein Treffen der „Surflegenden".

Mag sein, daß der Thruster für immer aktuell bleiben wird, aber dennoch hat das Longboard ein Comeback. „Heute, nach 65 Jahren, entdecken viele Surfer ihr Erbe neu, genau wie Duke es tat", schrieb der Soul-Surfer David Parmenter. „Der wichtigste Trend im derzeitigen Surfen ist die weltweite Umstellung zurück auf das Longboard. Ihr könnt schreien, schimpfen oder mit dem Kopf gegen die Wand rennen. Ihr könnt flammende Briefe über fette alte Besserwisser auf Holzplanken an den Herausgeber schicken… aber das wird an der offenkundigen Tatsache, daß das Surfen auf dem Longboard modernes, oder genauer gesagt, postmodernes Surfen bedeutet, nichts ändern." [„Epoch-alypse Now: Postmodern Surfing in the Age of Reason", *The Surfer's Journal,* Band 4, Nr. 4]

1997 sagte Wally Froiseth, mit seinen 70 Jahren immer noch surfbesessen, daß für ihn die Anziehungskraft des Surfens darin bestehe, sich der Herausforderung der Natur zu stellen. Wally war eine der wichtigsten Personen beim Entwurf des *Hawaiiloa,* jenes fast 20 Meter langen polynesischen Segelkanus, aus Baumstämmen die von den Tlingit, Haida und Tsimpshian aus Südostalaska gestiftet waren. Die 60 Meter langen Hölzer hatten einen Durchmesser von über zwei Metern und waren mehr als 400 Jahre alt. „Es waren Fichten, deren Spitzen abgesägt waren", sagt Froiseth. „Sie wurden ausgehöhlt und zu Reisekanus verarbeitet. Sie segelten nach Tahiti, zu den Marquesas-Inseln und die ganze Strecke bis nach Seattle hinauf. Als wir dort ankamen und ihnen unsere Ergebnisse zeigten, behandelten sie uns wie Könige." Froiseth hatte 1995 die große Ehre, auf dem letzten Teilstück der Reise von Ketchikan nach Juneau die *Hawaiiloa* als Kapitän zu führen. Froiseth und George Downing bewahren jedes Brett, das sie je gebaut und gesurft haben, an einem sicheren Ort auf.

Die Surf-Nostalgie ist ein großes Geschäft kurz vor der Jahrtausendwende. „Legenden"-Treffen wie in guten alten Zeiten funktionieren ähnlich wie die Golfturniere für Senioren. Die Stars vergangener Tage treffen sich, teilen sich ein paar Wellen, genießen die hawaiische Küche und erzählen sich Geschichten.

OBEN: **Tom und Pat Curren umfassen eine Zeitspanne grundlegender Veränderungen im Surfsport.**

In moderaten Wellen kann Surfen mehr Spaß machen als Gefahr bringen. Und manchmal ist sogar genug Zeit, um alles einfach nur zu genießen.

OBEN: **Der sechs Jahre alte Timothy James auf den Wellen von Velzyland.**

GEGENÜBERLIEGENDE SEITE OBEN: **Victor Lopez setzt zu einem abendlichen Tuberide in der Pipeline an (siehe auch folgende Seiten).**

GEGENÜBERLIEGENDE SEITE UNTEN: **Unterwasseraufnahme von einem Board mit drei Finnen, Winter 1992/93, North Shore.**

STOKE

In seiner vollkommensten Art bleibt das Surfen ein Spiel, und das genau ist die Bedeutung, die der unübersetzbare Begriff *Stoked!* uns vermitteln will. Das Wort *Sport* kann den Geist des Surfens nicht voll erfassen, und das Wort *Kunst* ist für die große Mehrheit der Surfer viel zu schmeichelhaft. Vielleicht bezeichnet der Ausdruck *Kampfkunst* am ehesten diese Einheit von Körper und Geist. Denn das Surfen birgt ein großes Potential der Selbstverwirklichung in sich. Surfen ist wie Aikido, indem der Surfer die Kraft der Welle zum eigenen Vorteil ausnutzt. Aber ein Surfer ist auch ein Athlet inmitten der Natur, der einen Großteil seines Lebens außerhalb der üblichen Grenzen von Gesellschaft und Zivilisation verbringt.

Der Strand ist Niemandsland und Grenze – wüst und weit. Hier begegnen sich nicht nur Land und Meer, sondern auch Gesetz und Ordnung dem organisierten Chaos. Surfkultur ist anarchistisch, folgt den eigenen Spielregeln. „Um jenseits des Gesetzes zu leben, muß man ehrlich sein", sang Bob Dylan. Natur sorgt für Ehrlichkeit und Ausdauer. So auch bei dem

nordkalifornischen Surfer Dale Webster, der sich das persönliche Ziel gesetzt hat, ein ganzes Mondjahr durchzusurfen – 28 Jahre lang drei gute Ritte pro Tag, mehr als 10.000 Tage hintereinander! Inspiriert von seinem Freund, dem unvergeßlichen Rich Griffin, ist er unbarmherzig gegen sich selbst. In der Zwischenzeit haben er und ein Freund das Projekt 7 gestartet, einen großangelegten Versuch, die Wasserscheide des Russian River und damit die natürliche Umwelt der Küstengebiete sowie der Strände, an denen sie surfen, wiederherzustellen. Die Politiker in Sacramento betrachten die beiden als Spinner, aber die Surfer bleiben hartnäckig.

Obwohl das öffentliche Bild der Surfer oft dem eines Neandertalers entspricht, sind einige der redegewandtesten und kultiviertesten Menschen der Welt Surfer. Midget Farrelly ist ein gutes Beispiel dafür. „Was ist Ihr Ziel beim Surfen?“ wurde er 1968 in einem Interview gefragt, und Midget antwortete

Pipeline ist der Inbegriff einer perfekten Welle, teilweise so ideal, daß sie der Realität fast zu spotten scheint. Wie kann etwas so Vergängliches und Unbeschreibliches wie eine Welle über so viele Jahre hinweg immer wieder in dieser optimalen Form erscheinen? Wie ist es möglich, daß sich Jahr für Jahr zahllose Variablen so zusammenfügen, daß dieser immer wiederkehrende fantastische Einklang entsteht?

unter anderem: „Ein echter Surfer kann sich nicht allzuviel Ruhm leisten. Er kann es sich nicht leisten, im Erfolg isoliert zu sein. Er kann es sich nicht leisten, einer Million Dollar hinterherzujagen. Ein echter Surfer darf auch nicht den Wettkampf dominieren. Wenn er es doch tut, wird er zu einem bedauernswerten, pathetischen Objekt der Aufmerksamkeit anderer Menschen. Ein Surfer muß authentisch, hart, berechnend und präzise sein. Er muß eine Kombination aus spartanischem Athleten, Technologen und zukünftigem Raumfahrer auf den Wellen sein. Es zählt nicht, ein Bilderheld, Millionär oder Meister zu sein und viel Erfolg zu haben. Das ist die Psychologie, die er sich auferlegen muß, wenn er beim Surfen wirklich mit sich selbst im reinen sein will."

Der *Stoke* beim Surfen ist einer jener wortlosen Zustände, die man selbst erleben muß, um sie zu kennen. Wortlos, aber mächtig bildet er das unsichtbare Zentrum, um das die gesamte Surfkultur kreist.

Surfing is magic –
riding echoes of cosmic energy, transmitted through vast tracks of ocean, at the wild fringes of continents.

Glossar

Die Sprache der Surfer ist von englischen und hawaiischen Ausdrücken geprägt, von denen viele kaum zu übersetzen sind. Das folgende Glossar enthält daher die wichtigsten Begriffe und Redewendungen in alphabetischer Reihenfolge.

Aerial: eine komplizierte Figur, bei der das Brett zeitweise jeden Kontakt mit dem Wasser verliert
Aloha: wörtlich bedeutet „alo" Erfahrung und „ha" Lebenshauch; meistens wird es heutzutage im Sinn von Hallo, Auf Wiedersehen, Liebe, Zuneigung verwendet
Angling: seitwärts nach links und/oder rechts an der ungebrochenen Wellenwand entlang fahren
Backhand: mit dem Rücken zur brechenden Welle fahren
Baggies: weite, locker sitzende Schwimmshorts
Bail-out: kurz vor einem Wipe-out vom Brett (weg-) springen
Barrel: s. Tube
Beachbreak: Wellen, die über Sandbänken in Strandnähe brechen
Blank: unbearbeiteter Brettrohling
Blown out: vom Wind völlig zerblasene Wellen
Bodyboard: kurzes Schaumstoffbrett, das im Liegen gefahren wird
Bodysurfen: ohne Hilfsmittel nur mit dem eigenen Körper surfen
Boogieboard: bekannte Bodyboard-Marke des Erfinders des Bodyboards, Tom Morey; oft als Äquivalent dafür benutzt
Carving/to carve: ein spektakuläres Manöver fahren; besonders gut surfen
Close-out: Welle, die auf ganzer Länge auf einmal umbricht, nicht surfbar
Cowabunga!: euphorischer Ausruf eines Surfers (nach besonders gutem Ritt, etc.)
Curl: überschlagender/brechender Teil der Welle
Customboard: in Handarbeit gefertigtes Surfbrett, oft individuell nach Kundenwunsch (auch „custom shape")
Cutback: ein grundlegendes Manöver, das den Surfer zurück zum brechenden und damit schnellsten Teil der Welle bringt
Deck: Brettoberseite; Standfläche
Ding: Beschädigung an der Brettaußenhaut
Drop in/dropping in: eine Welle anstarten, die schon von einem anderen Surfer gefahren wird; jemandem die Vorfahrt nehmen
Duck dive: mit dem Brett unter einer Welle hindurchtauchen, um hinter die Brandungszone auf das offene Meer zu gelangen
Face: ungebrochener Teil der Welle; Wellenwand
Flat: 1) unbewegtes Meer ohne Wellen oder 2) kraftlose Sektion einer Welle
Foam: Polyurethanschaum, aus dem alle modernen Brettkerne bestehen (s. Blank)
Foot/feet: Maßeinheit, in der Brettlänge und Wellenhöhe gemessen werden (1 Fuß entspricht ca. 30,5 cm); Längenangabe in Fuß und Inch, d.h. ein 6'10" (6 Fuß, 10 Inch) Brett ist ca. 210 cm lang
Forehand: mit dem Gesicht zur brechenden Welle fahren
Glassy: glatte, durch Windstille fast ölige Wasseroberfläche
Goofy-foot: mit dem rechten Fuß vorne fahren
Grommet: junger, frecher Surfer
Gun: schmales, schnelles Brett über 9 Fuß für besonders große Wellen; oft auch „Elephant gun" oder „Rhino chaser" genannt
Hang five/hang ten: Figur, bei der der Surfer so weit vorne steht, daß fünf oder zehn Zehen über die Brettnase schauen, nur bei Malibu/Longboard möglich
Hang-loose: Surfer-Gruß
Haole: die Ankunft der Fremden (weise Männer) auf Hawaii und der Handschlag als Begrüßungsritual brachten das Wort „ha 'ole" hervor, was soviel bedeutet wie ohne Lebenshauch, Fremder, weißer Mann, und heutzutage einen auf Hawaii nicht einheimischen Surfer bezeichnet
Hodad: jemand, der nicht surft
Hot-Curl-Board: in den 30er Jahren entstandene Bretter, die durch ein schmaleres Heck an der Wellenwand besser griffen und nicht mehr so leicht ausbrachen. Weil sie schneller liefen, waren sie besonders für große Wellen geeignet
Hot-dogging: spektakulärer Surfstil, aus der Entwicklung der Hot-Curl-Bretter hervorgegangen
Impact Zone: Bereich, in dem die umschlagende Welle auf die Wasseroberfläche trifft und die meiste Energie frei wird; hier hält sich kein Surfer freiwillig auf!
Inside: Bezeichnung des Aufenthalts 1) in der Tube 2) zwischen Strand und brechenden Wellen 3) so nah wie möglich am brechenden Teil der Welle während des Startvorgangs
Kneeboard: sehr kurzes Surfbrett, das kniend gefahren wird
Kook: Anfänger, unerfahrener Surfer, oft als Schimpfwort gebraucht
Leash: flexible Fangleine aus Urethan, die das Brett mit dem Fußgelenk verbindet
Left-hander/Left: Welle, die vom Strand aus gesehen von links nach rechts umbricht
Line up: Zone hinter der Brechungslinie, in der die Surfer auf ihren Brettern sitzen und auf Wellen warten
Local: einheimischer Surfer, der an seinem „Hausstrand" surft
Longboard: breites, rundliches Surfbrett mit mindestens 9 Fuß Länge
Malibu: 1) berühmter Surfspot in Südkalifornien; 2) verbreitete Surfbrettform in den 50er und 60er Jahren, ähnlich dem Longboard, aber mit 8 bis 10 Fuß Länge, ursprünglich aus Balsaholz gefertigt
Natural/Natural-foot: Surfer, der mit dem linken Fuß vorne fährt
Nose: vorderes Ende des Brettes
Noserider: Longboard, das durch besondere Formung der Nasenpartie am Unterschiff lange Fahrten auf der Brettnase erlaubt (s. auch Hang five)
Offshore: Landwind, d.h. der Wind bläst vom Land gegen die Wellen, die daher später umbrechen, steiler und „glattgebügelt" werden
Onshore: Seewind, die Wellen werden (früher) umgeblasen, die Wasseroberfläche ist unruhig
Outside: vom Strand aus gesehen hinter der Brechungszone
Over the falls: von der umstürzenden Welle mitgerissen werden
Pad: dünne Schaumstoffmatten die, auf die Standfläche geklebt, das Abrutschen verhindern
Paddleboard: schlankes, sehr langes Brett, speziell für Paddelwettbewerbe gebaut
Peak: höchster Punkt der Welle, an dem sie zuerst umbricht
Plank: umgangssprachlich für Surfbrett
Pocket: Teil der Welle direkt unterhalb der umschlagenden Lippe
Pointbreak: Ort (Spot), an dem die Wellen an einem Landvorsprung entlang abbrechen, d.h. besonders lang laufen
Pop-out: durch Ausschäumen einer Form maschinell hergestelltes Plastikbrett; sehr robust und dank der hohen Stückzahlen preiswerter als Custom-Bretter
Pull out: bewußtes Herausfahren über den Wellenkamm zum Abbruch der Fahrt
Rail: Seitenkante eines Surfbrettes
Radical/rad: besonders spektakulär, „radikal"
Regular: s. Natural
Right-hander/Right: Welle vom Strand aus von rechts nach links umbrechend
Rip: 1) starke, oft gefährliche Strömung auf das Meer hinaus; 2) besonders spektakulär fahren („he is ripping")
Rocker: Aufbiegung des Brettes von der Seite betrachtet
Secret spot: nur wenigen Surfern bekannter Ort zum Surfen (s. Spot)
Set: Serie von Wellen (meist 3-7)
Shape: 1) besondere Form des Surfbretts; 2) *seltener:* besondere Form einer Welle
Shaper: jemand, der Surfbretter von Hand baut
Shortboard: kurzes Surfbrett, meist unter 7 Fuß
Shoulder: ungebrochener Teil der Welle
Snaking: sich vor jemanden drängen, der Vorfahrt hat, die Welle wegnehmen
Soul-Surfer: jemand, der Wettkämpfe und Kommerzialisierung meidet
Soup: Weißwasser der umgebrochenen Welle
Spot: Küstenabschnitt, an dem surfbare Wellen brechen
Stick: Umgangssprache für Surfbrett
Stoked: *umgangssprachlich:* glücklich, zufrieden, begeistert, euphorisch
Strapsurfen: die Füße sind durch Schlaufen fest mit dem Brett verbunden
Stringer: längslaufende Holzleiste in der Brettmitte zur Verstärkung
Surf: Brandung
Surfari: Surfreise, Suche nach guten Wellen
Swell: Dünung
Switch-foot: guter Surfer, der sowohl mit dem linken als auch mit dem rechten Fuß vorne fahren kann
Tail: hinteres Ende des Brettes, je nach Wellentyp und Anspruch verschieden geformt
Takeoff: Beginn eines Rittes, Start
Three Sixty/360: sehr schwierige Figur, bei der eine komplette 360°-Drehung gefahren wird; auch „Spinner" genannt
Thruster: modernes Surfbrett mit drei Finnen
Tow-in-Surfen: um genug Geschwindigkeit für große Wellen zu bekommen, wird der Surfer mit einem Jet-Ski in die Welle gezogen
Tube: Röhre, Tunnel, der entsteht, wenn eine hohle Welle sich überschlägt; auch „Barrel" oder „Green Room" genannt
Vee/ V: kielähnliche, V-artige Formung des Unterwasserschiffs des Surfbretts
Wahine: Surferin
Wax: wachsartige Substanz, die, auf das Deck aufgetragen, das Abrutschen verhindert
Wetsuit: wärmender Surfanzug aus Neopren
Wipe-out: vom Brett fallen oder von der Welle geworfen werden
Woodie: beliebtes Surferauto der 40er und 50er Jahre, dessen Karosserie teilweise aus Holz besteht

Danksagung

Mein Dank gilt Steve Pezman, der seit langem das Räderwerk des Surferuniversums schmiert und uns alle immer wieder miteinander in Kontakt bringt.

Craig Stecyk, der sein immenses Wissen in vielen Bereichen auf sehr anregende Weise einbrachte.

Art Brewer, der alle Hebel in Bewegung setzte, um an die Schätze der besten Fotografen des Surfens und der Surfkultur zu kommen.

Lori Rick, der mein Manuskript mit 100.000 Wörtern entgegennahm, sagte, es gebe nur Platz für die Hälfte, und dann mit großem Geschick die Überarbeitung leitete.

Für großzügige Unterstützung: Robert Avellan, Dr. John Ball, Bruce Brown, James Cassimus, Jeff Divine, George Downing, Pierce Flynn, Wally Froiseth, Leroy Grannis, Glenn Hening, Kit Horn, Archie Kalepa, Don Kremers, Gary Lynch, Charlie Lyon, Greg MacGillivray, Alain Mazer, Greg Noll, Craig Peterson, Joe Quigg, John Severson, Allan Seymour, Dale Velzy, Matt Warshaw, Jeff Werve, Jeremy Xavier, Reynolds Yater und Nat Young.

Und natürlich meiner Frau Susan, der bestmöglichen Freundin, meinem Sohn Alex, dem bestmöglichen Sohn, und meiner Tochter Alana, der bestmöglichen pferdeliebenden Tochter.

BIBLIOGRAPHIE

Alpers, Antony: *Legends of the South Seas,* New York, 1970.

Babitz, Eve: „Surf's Up: The Artist Outlaw Who Turns Rainbow Fades into Lucky $135 Stars." in: *Rolling Stone* (20. Juni 1974).

Bascom, Willard: *Waves and Beaches: The Dynamics of the Ocean Surface,* Garden City, NY, 1964.

Beaglehole, John C. (Hrsg.): „The Voyage of the Resolution and Discovery," in: *Journal of Captain James Cook,* Cambridge, MA, 1967.

Bingham, Hiram: *A Residence of Twenty-one Years in the Sandwich Islands,* New York, 1847.

Bird, Isabella L.: *The Hawaiian Archipelago: Six Month Amongst the Palm Groves, Coral Reefs, and Volcanos of the Sandwich Islands,* London, 1876.

Blair, John: *The Illustrated Discography of Surf Music 1959–1965,* Riverside, Kalifornien, 1978.

Blake, Tom: *Hawaiian Surfboard,* Honolulu, 1935.

Carroll, Nick (Hrsg.): *The Next Wave,* New York, 1991.

Crawford, Carin: „Waves of Transformation", Internetartikel (Juni 1993).

Daws, Gavan: *Shoal of Time: A History of the Hawaiian Islands,* New York, 1968.

Diel, Peter u. Eric, Menges: *Surfing: Auf der Suche nach der perfekten Welle*, Aachen, 1997.

Duane, Daniel: *Caught Inside: A Surfer's Year on the California Coast,* New York, 1996.

Edwards, Phil mit Bob Ottum: *You Should Have Been Here an Hour Ago,* New York, 1967.

Farrelly, Midget mit Craig McGregor: *The Surfing Life*, New York, 1967.

Finney, Ben u. James D. Houston: *Surfing: A History of the Ancient Hawaiian Sport,* San Francisco, 1996.

Gross, M. Grant: *Oceanography: A View of the Earth,* Englewood Cliffs, NJ, 1972.

Henning, Glenn und Maureen: *Groundswell Society Annual Publications, First Edition,* Oxnard Shores, Kalifornien, 1997.

Jarratt, Phil.: *Mr Sunset: The Jeff Hakman Story.* London, Los Angeles, 1997.

Jarves, James J.: *History of the Hawaiian or Sandwich Islands,* London, 1843.

Kampion, Drew: *The Book of Waves,* Santa Barbara, 1989.

Kelly Jr., John: *Surf and Sea,* New York, 1965.

Kinsman, Blair: *Wind Waves: Their Generation and Propagation on the Ocean Surface,* Englewood Cliffs, NJ, 1965.

Klein, H. Arthur: *Surfing,* Philadelphia, New York, 1965.

Knox, David: *Mark Richards: A Surfing Legend,* Australien, 1992.

London, Jack: *Cruise of the Snark,* New York, 1911.

Lueras, Leonard: *Surfing: The Ultimate Pleasure,* New York 1984.

Margan, Frank und Ben Finney: *A Pictorial History of Surfing,* Sydney, 1970.

Michener, James A.: *Hawaii,* New York, 1959.

Nadeau, Remi: *California: The New Society,* New York, 1963.

Noll, Greg und Andrea Gabbard: *Da Bull: Life over the Edge,* Bozeman, Montana, 1989.

Pearson, Kent: *Surfing Subcultures of Australia and New Zealand,* St. Lucia, Qld., 1979.

Pukui, Mary Kawena und Samuel H. Elbert: *Hawaiian Dictionary,* Honolulu, 1971.

Richter, Ulrich: *Surfing – Wellenreiten: Das faszinierende Spiel mit der Brandung,* Herford, 1979.

Severson, John: *Modern Surfing around the World,* New York, 1964.

Ders. (Hrsg.): *Great Surfing,* New York, 1967.

Steele, H. Thomas: *The Hawaiian Shirt,* New York, 1984.

Stern, David H. und William S. Cleary: *Surfing Guide to Southern California,* Malibu, 1963.

Thrum, Thomas G.: *Hawaiian Folk Tales,* Chicago, 1921.

Ders.: *More Hawaiian Folk Tales,* Chicago, 1923.

Toffler, Alvin: *Future Shock,* New York, 1970.

Twain, Mark: *Mark Twain's Letters from Hawaii,* New York, 1966.

Ders.: *Mark Twain's West,* Chicago, 1983.

Ders.: *Roughing It,* Hartford, Connecticut, 1872.

Van Dyke, Fred: *30 Years of Riding the World's Biggest Waves,* Santa Cruz, 1988.

Warshaw, Matt: *Surfriders,* Del Mar, Kalifornien, 1997.

Wolfe, Tom: *The Pump House Gang,* New York, 1968.

Young, Nat: *The History of Surfing* (überarbeitete Ausgabe), Angourie, Australien, 1983 und 1994.

Ders.: *Surfing Fundamentals,* Los Angeles, 1985.

Eine Anlaufstelle für Surfinteressierte ist der Deutsche Wellenreitverband (DWV):

Deutscher Wellenreitverband (DWV)
Herrenstr. 22
D-48167 Münster
Tel/Fax: 02506/6816
email: dwv-gs@t-online.de
homepage: http:/www.wellenreiter.com

FOTONACHWEIS

Seite
1: UFOs/Mike Moir
2–3: Herbie Fletcher in Maalaea/Art Brewer
4–5: Surfer in Sunset/Steve Sakamoto
6–7: Starke Energie in Mavericks/Bob Barbour
8–9: Pipeline/Rick Doyle
10–11: Surf now!/Brian Sprout
13: Troy Teck/Newport Beach/Mike Moir
14–15: Makaha Crew, ca. 1950/Joe Quigg
17: „North Shore Combo Plate" (1988) John Severson
21: Bruce Brown/Mit freundlicher Genehmigung von Bruce Brown Films
22: Wellen am Sunset Beach/Drew Kampion
23: Drew Kampion, Puerto Rico/LeRoy Grannis
24: Pipeline/Art Brewer
25: Drew Kampion, 1969/John Severson
26–27: Burleigh Head, Australia/Lee Pegus
27: Kevin Naughton/Fiji Craig Peterson
28: Petroglyph/Drew Kampion Collection
29: Surfer in Waikiki, 1890er/Mit freundlicher Genehmigung des Bishop Museum
30: Maids on a Wave/Wallace Mackay, from Summer Cruising in the South Seas, 1874/Mit freundlicher Genehmigung des Bishop Museum
31: Kraimoku Homestead by Villroy, 1825/Mit freundlicher Genehmigung des Bishop Museum
32: Cook in Kealakekua Bay/Mit freundlicher Genehmigung des Bishop Museum
33: „Hommage to Capt. Cook"/C. R. Stecyk III
34–35: Waikiki, ca. 1910 Alonzo Gartley/Mit freundlicher Genehmigung des Bishop Museum
34: Jack & Charmian London, 1915/Mit freundlicher Genehmigung des Bishop Museum
34: „Trip to Hawaii" Deckblatt/DeSoto Brown Collection
34: „Honolulu" Deckblatt/DeSoto Brown Collection
36–37: Waikiki & Outrigger Club, 1908/Mit freundlicher Genehmigung des Bishop Museum
36: Three Hawai'ian Princes/Mit freundlicher Genehmigung des Bishop Museum
37: George Freeth in Redondo, 1907/Mit freundlicher Genehmigung des Bishop Museum
38: 1914 Poster für Mid-Pacific Surf Carnival/Mit freundlicher Genehmigung des Bishop Museum
38: Waikiki Beach Boys, ca. 1925/Mit freundlicher Genehmigung des Bishop Museum
38: Surfboarders in Waikiki, ca. 1915/Mit freundlicher Genehmigung des Bishop Museum
39: Eine Welle bei Diamond Head, 1925 Honolulu Advertiser/Mit freundlicher Genehmigung des Bishop Museum
40: Duke Kahanamoku in Freshwater, Australien/Mit freundlicher Genehmigung des Bishop Museum
40: Dukes Brett auf dem Weg nach Freshwater/Mit freundlicher Genehmigung des Bishop Museum
40: (Hintergrund) Duke und Zuschauer in Freshwater/Mit freundlicher Genehmigung des Bishop Museum
41: Waikiki Surf Antics/DeSoto Brown Collection
41: Szene aus Two Dukes in The Wake of the Red Witch/Mit freundlicher Genehmigung des *Surfer*
42–43: „Jeux Haviens"/Mit freundlicher Genehmigung des Bishop Museum
43: Tom Morey in Bali/Jim Russi
44: Tom Blake mit Brett-Collection, 1930/Mit freundlicher Genehmigung des Bishop Museum
44: Tom Blakes Hohlbrett-Logo, 1940/Hawaiian Historical Society
45: Tom Blake & Duke Kahanamoku, ca. 1935/Mit freundlicher Genehmigung der Zeitschrift *Surfer*
46–47: Paddler beim San Onofre Surf Contest, 1940/Dr. John Ball
48: San Onofre, 1939/Doc Ball, Mit freundlicher Genehmigung von Jack Reinhold
49: Bretter im Kalifornien der 30er/Mit freundlicher Genehmigung von Sam Ryan Collection
49: Paddleboard gegen Planke in Paddleboard Cove/Dr. Don James, Craig Stecyk Collection
49: Hermosa Beach und PV Guys in Curries, 1946/LeRoy Grannis
50–51: Surfen in Paddleboard Cove, 1935/Dr. John Ball
52: Jam Session in San Onofre, 1947/Joe Quigg
53: Malibu 1950/Joe Quigg
54: Hot Curl Board/Craig Stecyk Collection
54: Blackie Makaena in Canoes, 1950/Bud Browne
54: Makaha Hot Curl Crew, ca. 1950/Wally Froiseth Collection
55: Norma Jean Baker, Pete Peterson & Tom Zahn/Mit freundlicher Genehmigung der Zeitschrift *Surfer*
55: Ansammlung in Malibu, Sommer '51/Joe Quigg
56: Simmons Auto & Surfbrett/Joe Quigg/Mit freundlicher Genehmigung von Reynolds Yater
56: Joe Quigg, Matt Kivlin & Tom Zahn, ca. 1949/Joe Quigg
56–57: (Hintergrund) Bob Simmons schwingt eine Rede über Hydrodynamik/Joe Quigg/Mit freundlicher Genehmigung von Reynolds Yater
57: Dave Syre & Peter Cole in Malibu, 1949/Joe Quigg
57: Bearbeiten von Balsaholz in Velzy's Garage, 1950/Dale Velzy, Craig Stecyk Collection
58–59: Tom Zahn in Malibu, 1952/Joe Quigg
60: Innenleben der Hütte in Makaha, ca. 1950/Mit freundlicher Genehmigung von Walter Hoffman
60: Hütte in Makaha, ca. 1950/Mit freundlicher Genehmigung von Walter Hoffman
60: Makaha Crew, ca. 1950/Mit freundlicher Genehmigung von Walter Hoffman
61: Die Calhouns in Makaha, 1962/LeRoy Grannis
61: Walter Hoffman & Surfauto, ca. 1950/Mit freundlicher Genehmigung von Walter Hoffman
62–63: Waimea Bay, 7. November 1957, Dr. Don James/Mit freundlicher Genehmigung von Walter Hoffman
63: Waimea Crew der ersten Tage/Mit freundlicher Genehmigung von Mickey Muños
64: Bud Browne in Makaha, 1962/LeRoy Grannis
64: Poster für Cat on a Hot Foam Board/Mit freundlicher Genehmigung von Bud Browne
65: Dr. Don James in Makaha, 1962/LeRoy Grannis
65: Dr. James Ball, Paddleboard Cove, ca. 1938/Tom Blake
66: Santa Cruz Surfing Club, 1940/LeRoy Grannis
66–67: Australische Surfautos, ca. 1958/Mit freundli cher Genehmigung der Zeitschrift Surfer
67: Team der USA beim Surf Carnival, 1956/Greg Noll Collection
68: Greg Noll Surf Shop, Hermosa Beach, 1964/Mit freundlicher Genehmigung von LeRoy Grannis
68: Jacobs Surf Shop, Hermosa Beach, 1964/LeRoy Grannis
68: Logo von Velzy Surfboards/Tom Servais
69: Hobie Alter & Phil Edwards, ca. 1964/Mit freundlicher Genehmigung der Zeitschrift Surfer
69: Logo von Hobie Surfboards/Mit freundlicher Genehmigung der Zeitschrift *Surfer*
69: (Hintergrund) Foam Blanks at Clark Foam/Jeff Divine
70–71: Welle in Ha'apiti, Moorea/Art Brewer
71: Rincon Point, 1947/Joe Quigg
72: Texas Beach, ca. 1964/Ron Stoner
73: Party in der Fabrik von Greg Noll, 1965/LeRoy Grannis
74: Gidget in Malibu, Mitte der 50er/Kathy Kohner Collection
75: Poster für Muscle Beach Party/American International Pictures
75: Kathy Kohner & Sandra Dee in Gidget/Kathy Kohner Collection
75: Buchtitelseite Gidget/Kathy Kohner Collection
76: Album Surfin' Safari/Capitol Records
76: Bondi Stompers, ca. 1965/Ron Perrott
77: Dick Dale mit seinen Del-Tones, 1963/Mit freundlicher Genehmigung der Michael Ochs Archives
77: Album Surfers' Choice, 1961/Collection of Don Kremers
78: Werbung für eine Fender-Gitarre, John Martin, 1965/Bob Perine, Mit freundlicher Genehmigung von Fender Musical Collections aus den Stephen K. Peeples Archives
79: Ralph's Beach Boys/Craig Stecyk Collection
79: Jan & Dean/Mit freundlicher Genehmigung von Michael Ochs Collection
80–81: Malibu Surfrider Beach, Sommer '62/LeRoy Grannis
82: Surf Nazi/William Cleary
83: Lance Carson in Malibu, 1962/LeRoy Grannis
84: Mickey Dora in Malibu, ca. 1960/Kathy Kohner Collection
84: Mickey Dora surft in Frankreich, 1972/Hal Jepsen Films, Mit freundlicher Genehmigung der Zeitschrift Surfer
84–85: (Hintergrund) Mickey Dora in Top Hat, 1969/Craig Stecyk
85: Mickey Dora & Opfer von Malibu (Serie)/Brad Barrett/Zeitschrift Surfer
86–87: Mickey Dora in Malibu, '65/Ron Stoner/ Zeitschrift *Surfer*
88: Poster für Free and Easy/MacGillivray-Freeman Films
88: John Severson 1959/Louise Severson
89: Poster für Going My Wave/John Severson
89: Poster für Barefoot Adventure/Bruce Brown Films
89: Poster für Outside the Third Dimension/ MacGillivray-Freeman Films
89: (Hintergrund) The Bay Theater, 1975/Greg MacGillivray
90–91: John Severson in Trestles, Okt. '65/Ron Stoner/Zeitschrift *Surfer*
91: Corky Carroll & Sherri Haley in Werbung für Keds/Mit freundlicher Genehmigung des *Surfer*

91: Calhoun-Skater in Laguna, '67/LeRoy Grannis
92: Die erste Ausgabe von Surfer/Mit freundlicher Genehmigung von Surfer Publications
93: International Surfing, Sept. 1967/Mit freundlicher Genehmigung der Zeitschrift Surfing/Western Empire Publications
93: Australian Tracks/Mit freundlicher Genehmigung der Zeitschrift *Surfer*
93: Leser von *Surfer* in Afrika, 1972/Craig Peterson
94–95: Phil Edwards, Banzai Pipeline, 1963/Dr. Don James
96: Formal O'Neill Wetsuits, Afrika, ca. 1975/Dan Merkle/Mit freundlicher Genehmigung von O'Neill, Inc.
97: Larry Bertlemann in Werbung für Katin/Art Brewer
97: Werbung für 7Up, ca. 1960/Allan Seymour Collection
97: Werbung für Hang-Ten, 1964/Mit freundlicher Genehmigung der Zeitschrift *Surfer*
98: Greg Noll in Pipeline, ca. 1965/John Severson
99: Jock Sutherland in Pipeline, ca. 1965/LeRoy Grannis
99: Gary Propper & Claude Codgen/Richard Graham
100–101: „The Beast" in Velzyland, ca. 1962/Leo Hetzel
101: David Nuuhiwa, World Contest '72/Drew Kampion
102: Joey Cabell gegen el toro, Peru '65/Leo Hetzel
103: Poster für Tom Morey Invitational/Steve Wilkings Collection
103: Pat & Tom Curren, frühe 60er/Leo Hetzel
104: David Nuuhiwa on the nose, Malibu '67/Steve Wilkings
105: Corky Carroll in Poche, Juli '65/Ron Stoner/Zeitschrift *Surfer*
106: Bob McTavish, Long Reef, '67/John Witzig
106: Midget Farrelly, Long Reef, '61/Ron Perrott
107: Nat Young mit Trophäe, San Diego '66/Ron Stoner/Zeitschrift *Surfer*
107: Nat Young, Honolulu Bay '67/John Witzig
108: Bob McTavish/Richard Graham
108: George Greenough/John Witzig
109: Poster für Endless Summer/Bruce Brown Films
109: Endless Summer Crew in Afrika/Bruce Brown Films
109: (Hintergrund) Bruce mit Kamera/Bruce Brown Films
110: Duke Kahanamoku, San Diego '66/Ron Stoner/Zeitschrift *Surfer*
110: Nat Young, Australien, 1967/Alby Falzon
111: Dick Brewer, 1968/David Darling
112: George Greenough in Lennox Head, '67/John Witzig
112: Bill Barnfield/Jeff Divine
113: Dewey Weber/Richard Graham
113: Poster für Five Summer Stories/MacGillivray-Freeman Films
113: Logo von Dewey Weber Surfboard/Jim Russi
114: Corky Carroll in Werbung für Jantzen/Mit freundlicher Genehmigung von Jantzen Sportswear
115: Rick Griffin in der Ranch, 1969/Drew Kampion
115: Murphy Surfer, 1962/Rick Griffin/Zeitschrift *Surfer*
116: Bunker Spreckels, Backdoor Pipeline '69/Peter French
116: Bunker Spreckels mit rotem Brett, 1969/Art Brewer
117: Dale Velzy, Werbung für Jack's Surfboards, 1969/Don Kremers/Mit freundlicher Genehmigung der Zeitschrift *Surfer*
117: Werbung für Challenger Surfboards, 1969/Don Kremers/Mit freundlicher Genehmigung der Zeitschrift *Surfer*
118: Nat Young in Haleiwa, Dez. '68/Ron Stoner
119: Owl Chapman in Maalaea, 1976/Steve Wilkings
119: Barry Kanaiaupuni in Honolua Bay, 1972/Art Brewer
120: Schiffsbeschlagnahme in Trestles, '69/Ron Stoner
120: Straßenschild Johanna, 1970/Drew Kampion
120: (Hintergrund) Wrack in Westafrika/Craig Peterson
121: Parken auf der Weide in Johanna, 1970/Drew Kampion
121: Rolf Aurness beim Malibu AAAA Contest, 1969/Brad Barrett/Zeitschrift *Surfer*
122–123: Honolua Bay/Jim Cassimus
123: Surfers & Dolphin/Rick Doyle
124: Flyaway Cutout with Leash/Steve Wilkings
125: T-Shirt Surfing Again!/Mike Moir
126: Pfad an der Lunada Bay/Jim Russi
126: Marokko, Januar '75/Craig Peterson
127: Mike Stewart, North Shore, '92/Rick Doyle
128: Gary Elkerton in G-Land/Jeff Divine
128: Steve Pezman mit Dr. Timothy Leary/Art Brewer
129: Marokko, '84/Darrell Jones
129: Rick Griffin fährt MotorSkill/Art Brewer
129: Rolling in Mexiko, 1976/Tim Bernardy
130–131: Glen Campbell in Neuseeland/Mike Moir
132: Aufstellung am North Shore, ca. 1975/Nat Young Collection
133: Rick Rasmussen, Long Island, 1977/Drew Kampion
133: Jeff Hakman in Off The Wall, North Shore, 1971/Steve Wilkings
134–135: Gerry Lopez in Pipeline (Serie), 1975/Steve Wilkings
134–135: Gerry Lopez in Pipeline/Jeff Divine
136: Eddie Aikau in Waimea Bay, 1978/Steve Wilkings
136: Die Aikau-Familie auf Hawaii/Steve Wilkings
137: Denkmal für Eddie Aikau, Waimea Bay, 1978/Steve Wilkings
138–139: „Oceanside Contest" vom Pier/Mike Moir
140: Unruhe am Hunington Beach, 1986/Aaron Chang
141: Szene aus Big Wednesday Warner Bros./Mit freundlicher Genehmigung der Zeitschrift *Surfer*
141: Poster für Big Wednesday/John Severson
141: Szene aus Apocalypse Now/Zoetrope Studios/Mit freundlicher Genehmigung der Zeitschrift Surfer
141: Poster für Free Ride/Bill Delany Films
142: Farben von Newport Wedge, '88/Mike Moir
142: Haleiwa Surf Shop/Rick Doyle
143: Simon Anderson mit Thruster/Peter Crawford
143: Richard Schmidt, Aufregung am North Shore/James Cassimus
144: Bronzed Aussies/Collection of Drew Kampion
144: Caution Sign/Jeff Divine
145: No Surfing Contests/Jeff Divine
145: Lord Blears & Mark Richards/James Cassimus
146–147: Sonny Garcia bei den US Open/Jeff Divine
147: Tom Carroll feiert/Jim Russi
147: Britische Surfschilder 1976/Jeff Divine
148–149: Gerry Lopez in Pipeline/James Cassimus
149: Matt Patterson, Huntington Beach/Mike Moir
150: Tom Carroll, Pipeline Masters '91/Art Brewer
151: Tom Curren, Off the Wall, 1987/Jim Russi
152: Malia Jones, 1996/Jeff Divine
153: Margo Godfrey in Hammonds Reef, 1967/Ron Stoner/Zeitschrift *Surfer*
153: Margo Godfrey Oberg, Kauai, 1977/Jeff Divine
154: Triptychon von Lisa Andersen/Art Brewer
154–155: Lisa Andersen surft/Art Brewer
156: Kelly Slater mit Bob McKnight/Jim Russi
156: Kelly Slater in Waimea Bay/Jim Russi
157: Eddie Vedder & Pierce Flynn/Mit freundlicher Genehmigung der Surfrider Foundation
157: Album MOM/Mit freundlicher Genehmigung der Surfrider Foundation
157: Baja Surf Camp, ca. 1987/Art Brewer
158–159: Surfrider Protestpaddeln in Frankreich/Art Brewer
161: Farben von Newport Wedge, 1987/Mike Moir
161: Einstein Imagination/Rick Rietveld
161: Mickey Muñoz' Sandalen/Art Brewer
162: Wilbur Kookmeyer, Juli '89/Bob Penuelas/*Surfer*
162: Jugendliche in Newport, ca. 1987/Mike Moir
163: Coco Harrison/Art Brewer
163: Klassischer Woody/Ron Stoner/Zeitschrift *Surfer*
164: Corky Carroll: A Surfer for President/Art Brewer
164: Gerry Lopez: Chairman of the Board/Art Brewer
164–165: Mark Richards in Pipeline, späte 70er/Rick Doyle
166: Christian Fletcher in Trestles, '89/Jeff Divine
167: Menge beim Santa Cruz Contest/Drew Kampion
167: Zeitschrift Beach Culture/Surfer Publications
168: Locals Only/Jeff Divine
168: Die Fletcher Family/Art Brewer
169: Crowded lineup/Rick Doyle
170–171: Fünf junge "Grommets"/Jim Russi
172–173: Bailing at the Pipeline/Brian Bielmann
173: Frog House shark art/Mike Moir
174: Kelly Slater & Fans/Jim Russi
175: Mark Cunningham unter Wasser/Art Brewer
176: Strap-Surfer auf Maui/Erik Aeder
177: Surfer im Web/College Shopping Network
177: Deckblatt mit Kelly Slater, Mai 1996/Mit freundlicher Genehmigung der Zeitschrift *Interview*
178–179: Mark Foo in Mavericks (Serie)/Robert Brown
178: Donnie Solomon in Waimea/Bernie Baker
179: Rettung von Alec Cooke/Darrell Jones
180: Derek Doerner in Waimea/Jim Russi
181: Laird Hamilton & David Kalama in Jaws/Erik Aeder
182–183: Laird Hamilton in Jaws, 1995/Erik Aeder
184: John Caster formt/Mike Moir
184: „Discovery" (1978)/John Severson
185: „Trestles" (1993)/Ken Auster
185-186: Sequence Surfing Sketch (1997)/Russell Crotty
186: „Surf City Here We Come" (1979)/Lynn Coleman
187: „Stoked!" (1997)/Steve Valiere
188: The Surfer's Journal, Band 3, Nr. 2
188: Zeitschrift Wahini, Band 3, Nr. 2
188: Unterkünfte in G-Land/Jeff Divine
189: Wellenpool, Allentown, Pennsylvania/Rick Doyle
190–191: Derek Ho in Pipeline, 1989/Jim Russi
191: Buttons Kaluhiokalani, ca. 1975/Jeff Divine
192–193: Laird Hamiltons Corkscrew (Serie)/Art Brewer
192–193: (Hintergrund) Tow-in/Erik Aeder
194–195: Rolly Naish in Jaws, Maui, 1996/Erik Aeder
196: Nat Young, 1993/Jim Russi
197: Surflegenden in Makaha, 1993/Bernie Baker
197: Poster für San Onofre Classic/Allan Seymour Collection
197: Tom & Pat Curren, 1995/Mike Moir
198: „TJ" in Velzyland/Rob Gilley
199: Victor Lopez in Pipeline (Serie)/Art Brewer
199: Underwater Thruster/Rick Doyle
200: Victor Lopez in Pipeline (Serie)/Art Brewer
202–203: Rock Dancers at Steamer Lane, 1989/Rick Doyle
204–205: Inside Sunset/Art Brewer
206–207: Waimea Dress Circle/Rob Gilley
208–209: Abend am North Shore/Peter French